부요와 성공으로 이끄는
자녀축복 기도문

부요와 성공으로 이끄는 자녀축복 기도문

2011년 04월 01일 초판 1쇄 발행
2022년 11월 20일 초판 4쇄 인쇄

지 은 이 | 노진향
펴 낸 이 | 황성연
펴 낸 곳 | 도서출판 청우
등록번호 | 제 2001-000055호
주 문 처 | 하늘물류센타
주　　소 | 경기도 파주시 광탄면 혜음로 883번길 39-32
전　　화 | (031)906-0011 | 팩스(0505)-365-0011
I S B N | 978-89-94846-01-9 03230

이 책은 저작권법에 의해 보호를 받는 저작물이므로 무단전재 및 복제를 금합니다. 잘못 만들어진 책은 구입하신 서점에서 바꾸어 드립니다.

책 값은 뒤표지에 있습니다.

자녀 축복 기도문

부요와 성공으로 이끄는

노진향 지음

청우

책의 첫 글에 부쳐

부모의 기도

주님!
이런 부모가 될 수 있도록
축복하옵소서.

자녀를
세상의 방법대로 키우기보다
먼저 하나님의 방법대로 키울 수 있는
부모이게 하시고,
자녀에게
세상의 지식을 심어주기보다
먼저 하나님의 지혜를 심어줄 수 있는
부모이게 하옵소서.

자녀에게
삶의 처세술을 가르쳐 주기보다
먼저 하나님을 의뢰하는 법을 가르쳐줄 수 있는
부모이게 하시고,
자녀에게
물질을 의지하기보다
먼저 하나님을 의지하는 법을 가르쳐줄 수 있는
부모이게 하옵소서.

자녀에게
소유의 필요성을 인식시켜 주기보다
먼저 영적인 부요함을 인식시켜 줄 수 있는
부모이게 하시고,
자녀에게
노력의 중요함만 강조하기보다
먼저 기도의 힘이 중요함을 강조할 수 있는
부모이게 하옵소서.

자녀에게
성취의 기쁨을 누리게 하기보다
먼저 감사의 즐거움을 갖게 할 수 있는
부모이게 하시고,
자녀에게
세상 나라를 세워주기 보다
먼저 하나님의 나라를 세워 주며
영적 비전을 세워줄 수 있는
부모이게 하옵소서.

반달마을에서
노 진 향

이 책의 효과적 사용을 위한 안내

1. 자녀들을 위해 기도하고 싶을 때 언제나 사용하십시오.
2. 가능하면 하루 한 번 자녀를 위하여 기도해 주실 수 있기 바랍니다.
3. 자녀를 위하여 기도할 때 말씀 큐티(Q.T)를 먼저 하고 기도하면 더 유익합니다.
4. 유아기의 자녀는 머리에 손을 얹고 기도하거나, 손발을 만져주며 기도할 수 있습니다.
5. 유치부 이상의 자녀는 발을 살며시 붙들고 기도하거나, 익숙해지면 발과 다리 마사지를 해주면서 기도하셔도 좋습니다. 아이들의 성장통도 완화시켜주는 역할을 합니다.
6. 유치원 이상 자녀에게 스킨십(skinship)을 하며 기도할 때는 가능한 시간을 정해 놓고 하는 것이 좋습니다.
7. 같은 기도문의 내용이라 할지라도 한 번의 기도로 끝나는 것이 아니라, 2~3일 정도 반복하여 기도하는 것도 괜찮습니다.

8. 특별히 은혜스러운 기도문의 문구는 기도할 때 서너 번 반복해서 기도하면 더 은혜가 됩니다.

9. 자녀를 위하여 기도할 때는 조용한 음성으로 자녀가 들을 수 있도록 기도하는 것이 좋습니다. 처음엔 어색할지라도 그 기도문의 내용이 자녀의 뇌를 주관합니다(뉴욕대학 존 바그 교수의 실험결과).

10. 가정 예배서로도 사용할 수 있습니다. 한 번 사용하는 것으로 그치지 마시고 계속 반복하여 사용하는 것이 좋습니다.

11. 기도한 날짜를 체크하십시오. 이 기도문은 읽기 위한 기도문이 아니라, 기도하기 위한 기도문인 것을 항상 마음에 두셔야 합니다.

12. 이 기도문의 내용을 토대로 내 자녀를 위한 축복기도문을 만들어 보십시오. 감동이 두 배나 더할 것입니다.

13. 교회와 같은 특별한 기도처에서도 이 기도문을 사용하며 자녀를 위하여 기도하실 수 있습니다.

14. 이 기도문을 자녀에게 적용하면서 기도하다 보면 부모인 자신도 놀라운 변화를 경험할 수 있습니다.

책의 첫 글에 부쳐 | 부모의 기도 · 4
이 책의 효과적 사용을 위한 안내 · 6
좋은 부모 십계명 · 12
자녀에 대한 사랑의 십계명 · 13
자녀의 삶을 반석위에 든든히 세울 수 있습니다 · 14

1부 자녀의 희망과 행복한 미래를 세워주는 축복기도문 ❶

세계를 품을 수 있게 하소서 · 28
꿈을 향해 달려가게 하소서 · 29
목표를 향하여 달려가게 하소서 · 30
경주하는 삶을 살게 하소서 · 31
긍정의 생각으로 살게 하소서 · 32
도전하는 삶이 되게 하소서 · 33
기회를 살 수 있게 하소서 · 34
때에 맞게 잘 살 수 있게 하소서 · 35
소망 가운데 살게 하소서 · 36
선한목자를 따라가게 하소서 · 37
안전한 삶이 되게 하소서 · 38
비전의 삶이 되게 하소서 · 39
뜨거운 열정이 있게 하소서 · 40
희망을 심는 사람이 되게 하소서 · 41
좋은 삶의 자세로 살게 하소서 · 42
소명의 사람으로 살게 하소서 · 43
강한 자가 되게 하소서 · 44
깨끗한 부자가 되게 하소서 · 45
행복하게 살게 하소서 · 46
자존감이 있게 하소서 · 47
꼭 필요한 사람이 되게 하소서 · 48
제멋대로 살지 않게 하소서 · 49
물질을 잘 다스리게 하소서 · 50
하나님을 만나는 삶이 되게 하소서 · 51
하나님을 경영자로 모시고 살게 하소서 · 52
하나님이 주시는 소원을 품게 하소서 · 53
복 있는 삶이 되게 하소서 · 54
결단력 있는 삶이 되게 하소서 · 55
팔복의 삶이 되게 하소서 · 56
기도의 삶이 되게 하소서 · 57
감사하는 삶이 되게 하소서 · 58
만족하는 삶이 되게 하소서 · 59
기도하는 소리를 듣게 해주세요 | 오프 플린지바흐 · 60

2부 자녀의 희망과 행복한 미래를 세워주는 축복기도문 ❷

영육 간에 잘 자라게 하소서 · 62
성경의 인물처럼 자라게 하소서 · 63
좋은 스승을 만나게 하소서 · 64
공동체 생활에 잘 적응할 수 있게 하소서 · 65
학교생활에 잘 적응하게 하소서 · 66
공부의 좋은 학습 태도를 갖게 하소서 · 67
공부하는 즐거움을 갖게 하소서 · 68
지혜와 명철을 충만케 하소서 · 69
책 읽는 좋은 습관을 갖게 하소서 · 70

공부할 때 집중력이 있게 하소서 · 71
기본이 잘 잡혀있게 하소서 · 72
제 역할을 잘 감당하게 하소서 · 73
자신을 잘 다스리게 하소서 · 74
장점과 특기를 잘 살릴 수 있게 하소서 · 75
건전한 취미를 갖게 하소서 · 76
성공을 마음의 화랑으로 그리게 하소서 · 77
실력을 키우게 하소서 · 78
겸손이 있는 실력을 갖게 하소서 · 79
세월을 아끼게 하소서 · 80
축복을 시인하게 하소서 · 81
환경을 다스릴 수 있게 하소서 · 82
행복의 가치를 알게 하소서 · 83
방황치 말게 하소서 · 84
실패를 두려워하지 말게 하소서 · 85
실패를 다스릴 수 있게 하소서 · 86
하나님이 온전히 주관하소서 · 87
언제나 보살펴 주소서(생일) · 88
축복의 길로 인도하소서(수능시험) · 89
지켜주소서(군복무) · 90
그 길을 인도하소서(졸업) · 91
주님만을 의지하게 하소서(유학) · 92
도와주소서(취업) · 93
좋은 배우자를 만나게 하소서(결혼) · 94

자녀의 대인관계와 인격적 리더십을 세워주는 축복기도문

축복을 심는 사람이 되게 하소서 · 96
덕 있는 사람이 되게 하소서 · 97
친절한 사람이 되게 하소서 · 98
정직한 사람이 되게 하소서 · 99
좋은 사람이 되게 하소서 · 100
섬기는 사람이 되게 하소서 · 101
온유한 사람이 되게 하소서 · 102
칭찬받는 사람이 되게 하소서 · 103
공동체에 꼭 필요한 사람이게 하소서 · 104
복되고 아름다운 사귐이 있게 하소서 · 105
복되고 아름다운 관계가 있게 하소서 · 106
겸손하게 하소서 · 107
안 좋은 기억은 잊게 하소서 · 108
감정을 다스리게 하소서 · 109
내려놓을 수 있게 하소서 · 110
열등의식에 사로잡히지 않게 하소서 · 111
제한하는 사고방식이 되지 않게 하소서 · 112
자신을 볼 수 있게 하소서 · 113
넓은 마음을 갖게 하소서 · 114
편견의 자가 없게 하소서 · 115
한쪽으로 치우치지 않게 하소서 · 116
티 내지 않는 사람이 되게 하소서 · 117
잘못을 인정할 줄 알게 하소서 · 118
잘사는 삶이 되게 하소서 · 119
이런 성품을 지닌 사람이 되게 하소서(1) · 120
이런 성품을 지닌 사람이 되게 하소서(2) · 121
훈계를 잘 받게 하소서 · 122
웃으며 살게 하소서 · 123
책임감 있는 사람이 되게 하소서 · 124
품을 수 있는 사람이 되게 하소서 · 125
되어주는 사람이 되게 하소서 · 126
따뜻한 손을 내밀 수 있게 하소서 · 127

그럼에도 삶이 되게 하소서 · 128　　아름다운 배려심이 있게 하소서 · 129
분별의 지혜가 있게 하소서 · 130　　남을 생각하는 마음이 있게 하소서 · 131
좋은 교제가 있게 하소서 · 132　　나쁜 꾐에 빠지지 않게 하소서 · 133
다투지 않게 하소서 · 134　　부모를 공경하게 하소서 · 135
가장 소중한 직업 | 헬렌 M. 영 · 136

4부 자녀의 믿음과 성숙한 신앙을 세워주는 축복기도문

믿음의 사람으로 성장하게 하소서 · 138　　견고한 신앙을 갖게 하소서 · 139
은혜를 고백하는 삶이 되게 하소서 · 140　　신앙을 앞세우는 삶이 되게 하소서 · 141
평안의 삶이 되게 하소서 · 142　　보다 나은 삶으로 인도 하소서 · 143
믿음의 진검승부를 벌이게 하소서 · 144　　담대한 사람이 되게 하소서 · 145
시험과 환난을 인내하게 하소서 · 146　　영혼을 안위 하소서 · 147
용서의 사람이 되게 하소서 · 148　　이런 눈물을 흘리게 하소서 · 149
성결의 사람이 되게 하소서 · 150　　거룩함을 따르게 하소서 · 151
진실한 고백이 있게 하소서 · 152　　핑계치 말게 하소서 · 153
참된 믿음이 되게 하소서 · 154　　기쁨으로 할 수 있게 하소서 · 155
성장하는 믿음이 되게 하소서 · 156　　영적인 지도자를 사랑하게 하소서 · 157
열심이 있게 하소서 · 158　　순종이 있게 하소서 · 159
헌신이 있게 하소서 · 160　　이런 기도의 사람이 되게 하소서 · 161
이런 기도를 본받게 하소서 · 162　　성령의 사람으로 살게 하소서 · 163
성령 충만하게 하소서 · 164　　주님을 잘 섬기게 하소서 · 165
주님의 음성을 들을 수 있게 하소서 · 166　　이런 신자가 되지 않게 하소서 · 167
주님의 기쁨이 되게 하소서 · 168　　주님이 기준이 되게 하소서 · 169
겸손한 기도무릎이 있게 하소서 · 170　　기회를 잃지 않게 하소서 · 171
주님을 닮을 수 있게 하소서 · 172　　교회의 일꾼이 되게 하소서 · 173
삶을 통해서 배우는 아이 | 도로시 로우 놀트 · 174

5부 자녀의 치유와 회복을 도와주는 축복기도문

학습능력이 뒤떨어져 있을 때 · 176　　컴퓨터를 너무 좋아할 때 · 177
낭비벽이 심할 때 · 178　　비만이 심할 때 · 179
투정이 심할 때 · 180　　거짓말을 할 때 · 181
정서적으로 불안정할 때 · 182　　혼자 있기 좋아할 때 · 183
게임을 너무 좋아할 때 · 184　　사춘기를 겪고 있을 때 · 185

수렁에 빠져 있을 때 · 186
괴로워하고 있을 때 · 187
낙심하고 있을 때 · 188
교회를 멀리할 때 · 189
반항심이 심할 때 · 190
따돌림 당하거나 왕따 당할 때 · 191
변덕이 심할 때 · 192
방황할 때 · 193
장애가 있을 때 · 194
놀림을 당할 때 · 195
사고를 쳤을 때 · 196
죄 값을 치루고 있을 때 · 197
너무 아플 때 · 198
수술대에 오르게 되었을 때 · 199
희귀병을 앓고 있을 때 · 200
시한부 선고를 받았을 때 · 201
불치병으로 투병하고 있을 때 · 202
죽음의 이별을 앞두고 있을 때 · 203
하늘나라로 보냈을 때 · 204
갑작스런 사고로 잃었을 때 · 205
성경이 말하는 부모의 의무 · 206

가정의 평안과 부부의 행복을 도와주는 축복기도문

이런 가정이 되게 하소서(1) · 208
이런 가정이 되게 하소서(2) · 209
가정에 화목을 주소서 · 210
가정에 은혜를 주소서 · 211
가정에 사명을 주소서 · 212
본을 보이는 가정이게 하소서 · 213
소중함을 아는 가정이게 하소서 · 214
행복한 부부가 되게 하소서 · 215
정다운 부부로 살게 하소서 · 216
서로의 필요를 느끼는 부부이게 하소서 · 217
잘못됨을 보이지 않는 부부이게 하소서 · 218
이런 부모였습니다 · 219
진실한 부모이게 하소서 · 220
인격적인 부모이게 하소서 · 221
닮고 싶은 부모이게 하소서 · 222

타인과 이웃을 부요케 하는 축복기도문

목사님을 위하여 · 224
처음 예수 믿는 성도를 위하여 · 225
구원의 확신이 없는 성도를 위하여 · 226
출산한 성도를 위하여 · 227
재난당한 성도를 위하여 · 228
시험에 든 성도를 위하여 · 229
질병이 있는 성도를 위하여 · 230
외로움을 느끼는 성도를 위하여 · 231
고부간의 갈등이 있는 성도를 위하여 · 232
치매 부모를 모시는 성도를 위하여 · 233
용서가 필요한 성도를 위하여 · 234
교회에 나오지 않는 성도를 위하여 · 235
헌금에 시험 든 성도를 위하여 · 236
교우 간 시험에 든 성도를 위하여 · 237
주일성수를 못하는 성도를 위하여 · 238
자녀를 향한 사랑의 기도문 만들기 · 239

좋은 부모 십계명

1 공부하라는 말을 줄이고 먼저 독서하는 습관을 보여주세요.
2 식사시간에는 가족과 대화를 많이 하세요.
3 자녀가 스스로 판단한 일을 존중하세요.
4 한번 한 약속은 꼭 지키세요.
5 아무리 화가 나도 자녀를 직접 손으로 때리지 말고 꼭 필요한 때는 벌을 서게 하거나 회초리를 사용하세요.
6 똑같은 일로 두 번 야단치지 마세요.
7 자녀가 좋아하는 책이나 텔레비전 프로그램을 같이 보세요.
8 자녀 앞에서 부부싸움을 하지 마세요.
9 자녀 앞에서 신호를 어기거나, 새치기, 거짓말을 하지 마세요.
10 자녀와 함께 여행을 하거나 문구점과 서점에 자주 가세요.

― 좋은 아버지가 되려는 모임

자녀에 대한 사랑의 십계명

1. 자녀에게 계산을 앞세우지 마세요.
2. 자녀에게 후회하는 모습을 보이지 마세요.
3. 자녀에게 보상을 바라지 마세요.
4. 자녀에게 조건을 걸지 마세요.
5. 자녀를 다짐시키려고 하지 마세요.
6. 자녀에게 지나친 기대를 하지 마세요.
7. 자녀를 의심하지 마세요.
8. 자녀를 비교하지 마세요.
9. 자녀에게 분노하지 마세요.
10. 자녀를 주님께 맡기세요.

자녀의 삶을 반석위에 든든히 세울 수 있습니다

　자녀가 잘되고 훌륭하게 되기를 바라는 것은 신앙인을 떠나서 자식을 둔 부모라면 누구나 간절히 바라고 염원하는 바일 것입니다. 부모는 자식이 잘될 수 있도록 주어진 여건에서 최선을 다하려고 노력합니다. 그러나 그렇게 하지 못하는 환경 가운데 있을 때, 자기 자신을 원망하며 속상한 감정을 눈물로 삭여야 하는 경우가 얼마나 많습니까? 모든 부모가 다 그런 것은 아니겠지만 자식이 성장하면서 그 감정은 인생에 점점 더 묵직한 멍에로 자리 잡혀감을 경험하게 됩니다.

　저도 우리 아이들에게 잘해주지 못하는 것이 늘 마음 한켠에 상한 감정으로 자리잡고 있습니다. 부모로서 잘해주고 싶어도 지극히 평범하고 보잘것없는 목회자인지라 외적으로 잘해줄 수 있는 여건이 충분치를 못하기 때문입니다.

특히 아이들에게 제 또래의 친구들이 흔하게 입고 다니는 유행하는 옷 하나 해주지 못할 때, 한 아이의 아버지로서 너무나 부끄럽고 자괴감마저 들 때가 있습니다.

우리 아이들은 다른 무엇보다도 절제력이 뛰어납니다. 갖고 싶은 것, 사고 싶은 것이 있어도 부모가 안 된다고 하면 그 즉시 자신들의 욕구를 접습니다. 저의 기억으론 이제껏 우리 아이들이 자신들의 소박한 욕구를 채워주지 못하는 부모 때문에 은근히 불평의 말을 쏟아내거나 불만을 가져 본 일이 거의 없는 것 같습니다. 일찍 철이든 것인지는 모르겠으나 부모의 마음에 부담을 주거나 상처를 주지 않기 위하여 말 한마디를 하더라도 직선적인 말을 피합니다.

또한 나름대로 열심히 공부하며, 독서도 잘하고 있고, 교회생활이나 신앙생활도 잘하고 있는 편입니다. 부모가 보기에 이제까지 작고 큰 말썽 없이 그 예민한 청소년기를 잘 보내고 있고, 자신들의 꿈과 비전을 잘 키워가고 있습니다. 그래서 아이들에게 더 미안할 뿐입니다.

솔직히 말해서 자녀들에게 모든 것을 다 해 주고, 잘해줄 수 있는 환경적 조건을 갖춘 부모가 과연 얼마나 될까요? 그러하기에 대부분의 부모들은 저같이 자녀들에게 늘 미안하고, 죄스럽고, 커가는 것이 고마울 따름일 것입니다.

저는 우리 아이들에게 학교 공부 외에 가정에서 다음 세 가지를 꼭 할 수 있도록 챙겨주며 지도하고 있습니다.

첫째는, 하나님의 말씀을 가까이 할 수 있도록 하는 '매일성경읽기'와 '성경구절암송'입니다.

둘째는, 가정예배와 매일 한번 큐티(Q.T)하는 것입니다.

셋째는, 하루를 마감하는 감사의 기도입니다.

아이들이 너무 어렸을 때는 왜 해야만 하는지도 모르고 부모가 시키니까 억지로 하다시피 했지만, 청소년기를 보내고 있는 지금은 거의 습관적으로 잘하고 있고, 그렇게 하는 것을 나름대로 즐기고 있습니다.

저희 부부도 개인적으로 부모로서 아이들의 미래를 위해서 매일 꼭 한 가지 실천하는 것이 있습니다. 새벽기도를 갖다 온 후 아이들의 방에 몰래 들어가 취침에 방해가 되지 않도록 살며시 이불속으로 손을 들이밀어, 아이들의 종아리와 발을 주물러 주며 약 5분 정도 축복하며 기도하는 것입니다. 저희 부부는 이 기도를 '주보험 발끝기도'라고 이름을 붙였습니다. 아이들을 위하여 그 흔한 보험 하나 들어 놓은 것이 없기 때문에, 아이들의 미래와 인생을 주님께서 책임져 달라는 의미에서 그렇게 이름을 붙여보았습니다. 발끝기도를 할 때, 처음엔 아이들이 단잠을 방해받으니까 조금 귀찮아하거나 불편해 했습니다. 그러나 지금은 간혹 다리를 주물러 주며 발마사지까지 곁들어가며 기도를 하니까 굉장히 좋아하고, 간혹 등까지 긁어달라고 할 때가 있습니다. 그리고 하루를 시작하는 아이들의 얼굴에서 밝고 안정감 있는 모습을 보게 됩니다.

사실 우리 아이들을 향한 저의 발끝기도는 홀어머니에게서 배운 것입니다. 아버지가 일찍 돌아가신 후 저의 어머니는 기울어진 집안 살림을 꾸려나가기 위하여 이것저것 닥치는 대로 일을 하셨습니다. 힘든 하루 일과를 마치신 어머니는 집에서 할 일을 대충 끝내신 후 깊어가는 늦은 저녁에 꼭 교회를 찾으셨습니다. 아무리 피곤하고 힘들어도 교회에 안 가시면 무슨 큰일이라도 날 것처럼 생각하셨습니다. 저녁 늦게 올라가신 어머니는 새벽기도를 마친 다음에야 집으로 돌아오셨습니다. 그리고 자식들이 잠자고 있는 이불 속으로 손을 몰래 들이밀어 발을 붙들고 숨죽인 채 흐느끼며 기도하셨습니다.

"애비 없는 자식들입니다. 벅찬 생활고 때문에 제대로 사랑도 주지 못하고 있습니다. 하나님이 사랑을 듬뿍 주시고 키워주옵소서. 천덕꾸러기 되지 않게 하여 주시고, 이 발이 곁길로 나가지 않도록 꼭 붙들어 주옵소서."

아버지 없이 크는 자식들에게 매일 새벽 빼놓지 않고 보여주신 어머니의 진한 사랑이 발끝기도였습니다.

저는 발끝으로 전해지는 어머니의 기도 속에서 자식을 향한 어머니의 간절한 사랑을 느낄 수 있었고, 힘든 형편에 기도라도 하지 않으면 자식이 어떻게 될 것 같은 불안감에, 때묻은 자식의 발끝을 새벽마다 놓지 않으셨던 어머니의 애달픈 감정을 느낄 수 있었습니다. 또한 저는 어머니의 기도소리를 들으며 간혹 마음먹었던 불손한 생각들을 걸러낼 수 있었습니다. 이와 같은 어머니의 발끝기도는 제가 성년이 되어서 결혼한 다음에야 끝을 맺으셨습니다.

자녀를 둔 대부분의 부모들은 어떻게 하는 것이 자녀를 더 잘 키울 수 있는지 나름대로 잘 알고 있습니다. 그러나 그 방법들을 몰라서 못하는 것이 아니라, 주어진 조건과 생활 형편을 전혀 무시할 수 없는 것이 현실이기 때문에 늘 안타까운 마음만 앞서는 것입니다.

　그러나 예수님을 믿는 부모들은 주어진 조건과 생활형편을 초월해서 얼마든지 나름대로 자녀를 인격적으로 훌륭하게 키울 수 있는 방법이 있다고 생각합니다. 그 방법이 세상 사람들이 보기에는 전혀 무의미하고 불필요한 방법처럼 생각될 수도 있겠지만, 예수님을 믿는 우리에게는 그 어느 것보다 자녀를 바르고 훌륭하게 키울 수 있는 방법이라고 확신합니다.

　이미 짐작하셨겠지만 그것은 '자녀에 대한 부모의 신앙교육'과 '자녀의 축복을 위한 부모의 중보기도' 입니다. 저는 이것이 환경을 초월하여 자녀를 훌륭하게 키울 수 있는 최고의 방법이라는 생각을 갖습니다. 그런데 요즘 신앙을 가진 부모님들도 이 부분에 대하여 이미 알고 있고 공감하고는 있으되, 그러나 여전히 세속적인 가치관에 매여 있는 부모들이 많다는 것은 부인할 수 없습니다. 그래서 다시 한 번 이 부분을 되짚어 보려고 합니다.

자녀에 대한 부모의 신앙교육

솔직히 말해서 요즘 신앙을 가진 부모님들도 대부분 자녀의 신앙교육에 대하여 잘 신경 쓰지 않습니다. 자녀들이 교회만 갔다 오면 신앙교육이 저절로 되는 것으로 생각하는 부모님들이 얼마나 많은지 모릅니다. 그러나 자녀의 교회생활이 신앙에 많은 도움을 주는 것은 사실이지만, 그리고 교회생활이 신앙교육에 없어서는 안 되지만, 그것을 신앙교육의 전부라고 생각해서는 안 된다는 것입니다.

학교를 통한 일반적인 교육도 선생님을 통하여 배운 것으로만 만족할 수 없듯이, 교회 교육 또한 별반 다를 바 없습니다. 그래서 어떤 식으로든 자녀에게 부모의 신앙교육이 반드시 뒷받침되어야만 합니다.

일반 교육은 학교에서 배운 것을 예습하고 복습하며, 모르는 것은 집중적으로 배우고 익힐 수 있는 과외공부나 학원이라도 있지만, 신앙교육은 그렇게 할 수 있는 곳이 없다는 것입니다. 물론 예외도 있을 수 있겠지만 거의 대부분은 우리 자녀들이 교회만 갔다 오면 그것으로 끝입니다. 그리고 그것을 부모나 자녀는 신앙생활의 전부로 생각하고 있습니다. 그러나 하나님을 믿는 신앙을, 자녀들의 삶으로 연결시켜 주기 위해서는 가정에서의 부모의 역할이 반드시 있어야만 합니다. 가정에서 부모의 신앙적인 역할 없이 자녀들에게 건강한 믿음을 바라는 것은 부모의 단순한 욕심일 뿐입니다.

부모가 가정에서 신앙적인 역할을 담당하는 것을 너무 어렵게 생각할 필요는 없습니다.

첫째, 자녀들과 함께 매일 가정예배를 드리는 것입니다.

가정 예배를 드리게 되면 부모와 자녀와의 소통이 이루어지게 되고, 가정의 구성원을 소중하게 생각할 줄 알게 됩니다. 또한 가정 예배를 드려야 교회의 공적인 예배도 중요하게 생각할 줄 알게 됩니다. 물론 시작초기에는 조금 어색하고 부담스러울 수 있습니다. 그러나 좋은 습관도 하루아침에 만들어 지는 것이 아니듯, 억지로라도 가정 예배를 드리게 되면 점차 살아 계신 하나님을 경험하는 복되고 유익한 가정 공동체를 세워갈 수 있습니다.

가정 예배가 힘들면 최소한 자녀들에게 큐티(Q.T)하는 법을 가르쳐주고 큐티를 할 수 있도록 지도해 주십시오. 이것 역시 처음에는 부담 되고 힘들지라도, 어느 정도 훈련이 되면 자녀가 스스로 하게 되어 있습니다.

둘째, 자녀들에게 성경을 읽도록 하는 것입니다.

요즘 아이들은 교회 갈 때도 성경책을 들고 가지 않습니다. 성경이 하나님의 말씀이라는 것을 잊어버린 것입니다. 들고 다니기 귀찮고 부담스러운 한낱 두꺼운 책일 뿐입니다. 그러니 자녀들이 보이지 않는 하나님을 어떻게 진실히 섬길 마음이 있겠습니까?

내 자녀에게서 이런 모습을 본다면 그것은 재앙이나 다름없습니다. 왜냐하면 평생 동안 형식적인 신앙인으로 종교 생활이나 근근이 이어갈 뿐, 하나님을 경험하는 실제적이고 체험적인 삶을 살 수 없기 때문입니다. 그래서 자녀를 둔 부모는 집에서 자녀들이 성경을 가까이하고 말씀을 사랑할 수 있도록 어릴 때부터 성경 읽기와 성경 암송 훈련을 시켜야 합니다. 그렇게 된다면 자녀들의 교회 생활도 분명히 달라질 것입니다. 교회 생활을 힘들어 하지 않고, 다른 무엇보다 신앙적인 기준을 가장 우선순위에 놓을 것입니다. 자녀들이 성년이 되어서도 삶 가운데 뜻하지 않은 어려움이 찾아왔을 때 붙들 말씀이 있게 될 것입니다.

셋째, 자녀에게 감사의 기도를 할 수 있게 하는 것입니다.

하나님의 복은 감사하기까지는 복이 아니라는 말이 있습

니다. 그만큼 하나님께 감사하는 것이 중요하다는 말입니다.

우리는 불만과 불평의 해악을 잘 알고 있습니다. 그것이 자녀의 삶 가운데 자리잡지 못하게 하는 비결은 감사의 기도를 통하여 감사의 사람으로 만들어 주는 것입니다. 날마다 지극히 보잘 것 없는 것까지도 감사할 수 있는 사람이 된다면 그 인생 가운데 주어지는 하나님의 축복은 실로 엄청난 것입니다.

한 가지 반드시 잊지 말아야 할 것은 자녀가 스스로 할 수 있는 능력이 생길 때까지 어떤 방법으로든 부모가 관심을 갖고 꼼꼼히 점검하여야 한다는 것입니다. 처음부터 자녀 스스로 하기를 기대하는 것은 부모의 지극히 무모하고도 어리석은 생각일 수 있습니다.

자녀의 축복을 위한 부모의 중보기도

자녀를 둔 부모가 꼭 기억하고 잊지 말아야 할 것은, 자녀들은 절대 부모의 교훈이나 훈계를 통해서 인생을 배우는 것이 아니라는 것입니다. 부모의 뒷모습을 보고 닮지 말아야 할 것 까지 닮아가는 것이 자녀의 인생입니다. 그래서 자녀를 둔 부모는 자녀의 인생을 위해서 기도하는 진실한 뒷모습을 보여 줄 수 있어야 합니다.

어린 자녀라면 살포시 품에 안고 기도하거나, 또는 머리에 손을 얹고 기도하는 것입니다. 성숙해 가는 과정에 있는 자녀라면 자녀들이 곤히 잠든 방에 살며시 들어가 자녀의 이마에 손을 얹거나, 발을 붙들고 축복하며 기도하는 것입니다.

"하나님, 우리 ○○이를 축복합니다. 능력의 하나님이 붙들어 주세요. 지혜로운 사람이 되게 해주세요. 감사의 사람이 되게 해주세요. 꿈을 이루어 가되 주님의 뜻을 앞세울 수 있는 사람이 되게 해주세요."

부모가 자녀의 장래를 위해서 진실하게 기도하는 모습을 보여줌으로, 자녀의 인생에 부모의 기도가 늘 스며들 수 있게 한다면 자녀는 절대로 부모를 실망시키거나 비뚤어지지 않습니다. 그리고 늙어서도 부모의 품안의 기도를 절대로 잊지를 못합니다. 부모의 기도는 자녀의 감성도 만져 주는 기능을 하기 때문입니다.

하나님께서는 부모에게 자녀를 위하여 축복할 수 있는 놀라운 특권을 주셨습니다. 축복한대로 이루어주시는 신실하신 하나님이십니다. 그 축복을, 이삭의 축복기도를 통하여 야곱이 받아 누렸고, 야곱의 축복기도를 통하여 그의 열두 아들들이 받아 누렸습니다. 그리고 모세의 축복기도를 통하여 이스라엘의 열두 지파들이 받아 누렸습니다. 주님께서도 자녀를 위하여 울라고 간곡히 당부하고 계십니다.

중요한 것은 어느 누구도 내 자녀를 위하여 그토록 진실이 묻어있는 간절한 기도를 하지 않는다는 것입니다. 누구도 내 자녀를 위하여 마음을 담아 정성껏 축복하지 않는다는 것입니다. 내가 자녀를 위하여 기도를 멈추고 있는데 누가 내 자녀를 위하여 기도하겠으며, 내가 내 자녀를 축복하지 않는데 누가 내 자녀를 축복하겠습니까? 내 자녀를 향한 깊은 사랑과 애정은 그 부모만이 담아낼 수 있는 것입니다.

자녀들은 부모의 기도를 통하여 자신이 얼마나 소중한 존재이며 가치 있는 존재인가를 깨닫고 느끼게 될 것입니다. 자녀들의 자존감이 흔들리지 않고 견고히 세워지게 된다는 말입니다. 그리고 하나님 앞이나 사람 앞에서 사랑받는 존귀한 사람이 되기 위하여 스스로 최선을 다하게 될 것입니다.

한 가지만 더 덧붙이자면 자녀는 하나님이 가정마다 주신 큰 축복이자 기업입니다. 또한 부모가 하나님께로부터 위탁받은 하나님 나라의 백성이기도 합니다. 그러므로 신앙의 부모는 우선 자녀를 신앙적으로 소중히 키워야 할 의무와 책임이 있고, 하나님께 귀하게 쓰임 받는 천국 백성으로 키워야 할 사명이 있습니다. 자녀들이 꿈을 먹고 자라되 신령한 꿈을 먹고 자랄 수 있도록 부모가 신앙으로 양육하고, 발끝기도로 자녀의 삶을 돌보아 주어야 합니다. 지극히 단순해 보여도 부모의 신앙적 행위는 자녀들에게 하나님의 축복이 깃들게 하는 능력의 통로가 될 것이고, 자녀의 인격과, 신앙과, 구원의 삶을 든든히 세워주는 하나님의 생명의 사닥다리가 될 것입니다.

"부모는 자녀를 만들고 자녀는 역사를 만든다"

1부

자녀의 희망과 행복한 미래를 세워주는 축복기도문 ①

세계를 품을 수 있게 하소서

> 바울이나 아볼로나 게바나 세계나 생명이나 사망이나
> 지금 것이나 장래 것이나 다 너희의 것이요 너희는 그리스도의 것이요
> 그리스도는 하나님의 것이니라 (고전 3:22,23)

사랑의 주님!

우리 ○○(이)를 축복합니다. ○○(이)가 세계를 품을 수 있는 꿈과 비전이 있는 사람이 되게 하옵소서.

세계의 역사와 인류 공동체의 미래를 위하여 보배롭게 쓰임 받을 수 있는 인물이 되게 하옵소서. 이를 위해 갖추고 배우고 익힐 것이 많사오니 시기와 때를 놓치지 않고 최선을 다할 수 있게 하옵소서.

환경을 핑계 삼는 일이 없게 하시고, 조건을 탓하는 일이 없게 하옵소서. 주어진 기회를 잘 선용할 수 있는 지혜도 갖추게 하옵소서. 대가를 치를 일이 있다면 기꺼이 치를 줄 아는 용기도 있게 하옵소서.

무엇보다도 세계를 품고 기도할 수 있는 아이가 되게 하여 주옵소서. 그리하여 하나님의 절대적인 도우심이 없이는 그 무엇도 이룰 수 없음을 알게 하시고, 하나님이 길을 열어주셔야 원하는 꿈과 비전도 이룰 수 있음을 깨달아 알게 하옵소서.

우리 주 하나님이 꿈과 비전을 품고 최선을 다하는 자에게 반드시 세계가 필요한 훌륭한 재목으로 사용하실 것을 믿습니다. 그 이름이 만방에 기억되게 하시고, 당신의 영광을 높이 드러내실 것을 믿습니다.

예수님의 이름으로 축복하며 기도합니다. 아멘

꿈을 향해 달려가게 하소서

서로 이르되 꿈꾸는 자가 오는도다(창 37:19)

사랑의 주님!

우리 ○○(이)를 축복합니다. ○○(이)가 꿈을 향하여 달려갈 수 있는 아이가 되게 하옵소서.

어릴 때부터 주님이 꿈꾸게 하시는 이상을 볼 수 있게 하시고, 성경의 요셉과 같이 그 꿈을 붙들고 목적을 향해 달려갈 수 있는 아이가 되게 하여 주옵소서.

또한 그 꿈을 이루기까지 많은 대가가 지불된다 할지라도 하나님의 섭리하심을 의심치 않게 하여 주시고, 요셉과 같이 그 어떤 환경도 잘 적응하고 인내함으로 하나님을 높일 수 있는 믿음의 아이가 되게 하여 주옵소서.

하나님이 주신 꿈을 붙들고 목적이 이끄는 삶을 살 때 요셉을 형통케 하신 하나님의 손길이 아이와 함께하실 것을 믿습니다. 요셉을 높이시는 하나님의 축복이 ○○(이)와 함께하실 것을 믿습니다. 또한 부모와 형제를 복되게 하고, 민족을 복되게 하고, 전 세계를 복되게 하는 천국의 큰 일꾼이 되게 하실 것을 믿습니다.

사랑하는 ○○(이)에게 주님이 주시는 꿈과 비전이 있게 하시고, 그 꿈을 품고 달려갈 수 있는 믿음이 있게 하옵소서.

예수님의 이름으로 축복하며 기도합니다. 아멘

목표를 향하여 달려가게 하소서

오직 너희의 심령이 새롭게 되어
하나님을 따라 의와 진리의 거룩함으로 지으심을 받은
새사람을 입으라(엡 4:23,24)

사랑의 주님!

우리 ○○(이)를 축복합니다. ○○(이)가 목표를 향하여 달려가는 삶이 되게 하옵소서. 목표를 향하여 달려가되 최고가 되는 것에 목적을 두기보다 최선을 다하는 삶에 목적을 두고 달려가는 삶이 되게 하옵소서.

목적이 아무리 훌륭해도 모든 수단이 정당화 될 수 없다는 것을 알게 하시고, 선한 동기와 바른 방법으로 목표를 향하여 달려가는 삶이 되게 하옵소서. 지식이나 경험을 너무 의지하는 일이 없게 하시며, 자신을 너무 과신하는 일 또한 없게 하옵소서.

요행수를 바라는 일도 없게 하시고, 성실한 노력의 대가 외에는 그 어떤 것도 기대하지 않는 자세로 목표를 향하여 달려가는 삶이 되게 하옵소서. 자신의 의견만 내세우거나 그것을 지나치게 고집하는 일도 없기를 원합니다. 다른 사람의 의견도 존중하고 수용할 줄 아는 자세로 목표를 향하여 달려가는 삶이 되게 하옵소서.

무엇보다도 자기중심적인 삶을 사는 것보다 하나님 중심적인 삶의 자세를 잃지 않고 목표를 향하여 달려가는 삶이 되게 하옵소서.

예수님의 이름으로 축복하며 기도합니다. 아멘

경주하는 삶을 살게 하소서

내가 이미 얻었다 함도 아니요 온전히 이루었다 함도 아니라
오직 내가 그리스도 예수께 잡힌바 된
그것을 잡으려고 달려가노라(빌 3:12)

사랑의 주님!

우리 ○○(이)를 축복합니다. ○○(이)가 경주하는 삶을 살아가게 하옵소서. 스스로 비겁하게 살려고 하거나, 스스로 나약한 길을 선택하는 삶이 되지 않게 하옵소서. 무조건 편안하게 살려고 하거나, 고난과 역경을 두려워하여 피하는 삶이 되지 않게 하옵소서. 아무리 힘든 고난이 닥쳐와도 도망가지 아니하고 능히 헤치고 나가는 돌파력을 갖춘 사람이 되게 하옵소서.

피땀 흘린 것들일지라도 연연해하지 아니하며, 이미 얻고 이룬 것들이 있다고 하여 편히 누리는 것에 안주하지 않게 하옵소서. 쉽고 편하게 살 수 있는 길은 성경의 정신이 아님을 믿습니다. 갖춰진 것들에만 길들여져 사는 것은 믿음의 사람들이 보여준 태도가 아님을 믿습니다.

사랑하는 ○○(이)가 늘 새로운 푯대를 정하고, 그 푯대를 향하여 경주하듯 달려가는 삶을 살아가게 하옵소서. 어렵고 힘들지라도 주눅 들거나 피하는 일이 없게 하시고, 정면으로 돌파하여 자신을 단련시키고 능히 헤쳐 나가는 사람으로 살아가게 하옵소서. 사람이 가장 아름다울 때가 푯대를 향하여 경주할 때임을 믿습니다. 하나님이 가장 자랑스러워하시는 사람은 끝까지 경주하는 자의 자세를 잃지 않는 사람임을 믿습니다. 예수님의 이름으로 축복하며 기도합니다. 아멘

긍정의 생각으로 살게 하소서

> 예수께서 이르시되 할 수 있거든이 무슨 말이냐 믿는 자에게는 능히 하지 못할 일이 없느니라 (막 9:23절)

능력의 주님!

우리 ○○(이)를 축복합니다. ○○(이)에게 주님의 마음을 심어주셔서 날마다 긍정의 생각으로 사는 삶이 되게 하옵소서. 설령 삶이 ○○(이)를 속일지라도 "합력하여 선을 이루시는 주님"의 섭리하심을 바라보며 희망을 버리는 일이 없게 하시고, "내게 능력 주시는 자 안에서 모든 것을 할 수 있다"는 자신감을 가지고 힘 있게 살아갈 수 있게 하옵소서.

만나고 접촉하는 사람들에게도 웃을 수 있는 기쁨과 즐거움을 선물할 수 있게 하시고, 어떤 대화를 하든지 축복의 언어로 희망을 담아낼 수 있는 사람이 되게 하옵소서. 또한 어떤 일을 하든지 행위 가운데 용기와 적극적인 모습을 보일 수 있게 하시고, 그 일을 창조적으로 감당할 수 있는 사람이 되게 하여 주옵소서.

우리 주님은 긍정의 생각으로 사는 자를 통하여 미래를 열어가는 축복의 그릇으로 사용하실 것을 믿습니다. 이 시대에 꽉 막힌 것들을 시원케 할 수 있는 축복의 통로로 사용하실 것을 믿습니다. 사랑하는 ○○(이)가 날마다 긍정의 생각을 가지고 하나님을 기쁘시게 하고, 이웃을 부요케 하며, 하나님의 희망을 심는 삶이 되게 하여 주옵소서.

예수님의 이름으로 축복하며 기도합니다. 아멘

도전하는 삶이 되게 하소서

푯대를 향하여 그리스도 예수 안에서
하나님이 위에서 부르신 부름의 상을 위하여 달려가노라(빌 3:14)

사랑의 주님!

우리 ○○(이)를 축복합니다. ○○(이)가 아름다운 도전이 있는 삶이 되게 하여 주옵소서. 실패를 두려워하여 도전하는 것을 망설이지 않게 하시고, 얻는것보다 잃는 것이 많을지라도 끝까지 포기하지 않으며 도전하는 삶이 되게 하옵소서.

주어진 여건과 환경이 어려워도 서러워하지 아니하며, 자신에게 가장 든든한 후원자이신 주님이 계심을 믿고 당당히 도전하는 삶이 되게 하옵소서.

소중한 것을 상실해도 절망하지 아니하며, 오늘도 살 수 있는 생명이 있음에 감사하고, 주어진 환경에 다시 도전할 수 있는 희망의 삶이 되게 하옵소서. 수고하고 노력한 결과에 바라던 열매가 주어주지 않을지라도 낙심하지 아니하고, 다시 시작할 수 있는 내일이 있음을 감사하며 끝까지 도전정신을 잃지 않는 삶이 되게 하옵소서.

주님이 언제나 자신 안에 계심에 감사하고, 넓고 큰 폭의 인간으로 목적을 향하여 달음질할 수 있는 굳센 삶이 되게 하옵소서.

예수님의 이름으로 축복하며 기도합니다. 아멘

기회를 살 수 있게 하소서

> 이로 말미암아 모든 경건한 자는
> 주를 만날 기회를 얻어서 주께 기도할지니라
> 진실로 홍수가 범람할지라도 그에게 미치지 못하리이다 (시 32:6)

사랑의 주님!

우리 ○○(이)를 축복합니다. ○○(이)가 기회를 살 수 있는 사람이 되게 하옵소서. 인생 가운데 찾아오는 기회를 살 수 있는 것이 얼마나 복된 것인지를 깨닫게 하셔서 그 기회를 살 줄 아는 사람이 되게 하옵소서. 그러나 기회라는 것은 가만히 있을 때 오는 것이 아님을 깨닫습니다. ○○(이)가 아무런 계획이나 꿈이 없는 사람이 되지 않게 하시고, 목표와 꿈을 분명히 할 수 있게 하옵소서. 또한 그것을 이루고자 하는 마음도 분명히 할 수 있게 하옵소서. 그리하면 우리 주님이 기회를 살 수 있는 길을 열어주실 줄 믿습니다.

특히 영적인 일을 위해서도 기회를 찾는 삶이 되게 하옵소서. ○○(이)가 하나님 나라의 영광을 바라보며 어떻게든 주님을 섬기고자 하는 마음으로 기회를 찾는다면 우리 주님이 걸출한 영적인 사람이 되도록 기회를 살 수 있는 길을 열어주실 줄 믿습니다.

사랑하는 ○○(이)가 이 땅을 살아가는 동안 육신의 일이든, 영적인 일이든 기회를 찾기에 힘쓰게 하시고, 주님이 주시는 좋은 기회를 사기 위하여 주님을 항상 가까이할 수 있는 삶이 되게 하옵소서. 그리하여 세상 나라에서나 하나님 나라를 위해서나 멋지게 쓰임 받을 수 있는 그릇이 되게 하옵소서. 예수님의 이름으로 축복하며 기도합니다. 아멘

때에 맞게 잘 살 수 있게 하소서

범사에 기한이 있고 천하 만사가 다 때가 있나니(전 3:1)

사랑의 주님!

우리 ○○(이)를 축복합니다. ○○(이)가 때에 맞는 삶을 살아갈 수 있는 은혜를 주옵소서.

천하만사가 다 때가 있는데 이 땅위를 살아가는 많은 사람들 중에 때에 맞지 않는 삶을 사는 사람들이 얼마나 많습니까? 기한이 있는 인생을 살면서 그 인생 가운데 주어진 수많은 때를 놓치며 사는 사람들이 얼마나 많습니까?

사랑하는 ○○(이)는 때를 놓치는 어리석은 인생이 되지 않게 하시고, 때에 맞는 아름다운 삶을 살아갈 수 있게 하옵소서. 꿈과 비전을 가지고 목표를 향하여 힘차게 달려갈 수 있는 젊음이 있을 때 최선을 다할 수 있는 삶이 되게 하옵소서. 배움의 기회가 있을 때 열심히 공부할 수 있게 하시고, 일할 수 있을 때 열심히 일할 수 있는 삶이 되게 하옵소서.

때에 맞지 않는 일들은 잘 구분할 수 있게 하셔서, 취할 것은 취하고 끊어버릴 것은 과감히 끊어버릴 수 있는 지혜로운 삶이 되게 하옵소서.

그것이 때에 맞는 아름다움이고, 때를 따라 아름답게 지으신 하나님께 영광 돌리는 삶임을 잊지 않게 하여 주옵소서.

예수님의 이름으로 축복하며 기도합니다. 아멘

소망 가운데 살게 하소서

> 우리는 낮에 속하였으니
> 정신을 차리고 믿음과 사랑의 호심경을 붙이고
> 구원의 소망의 투구를 쓰자(살전 5:8)

산 소망이 되시는 주님!

우리 ○○(이)를 축복합니다. ○○(이)가 언제나 소망 가운데 사는 삶이 되게 하여 주옵소서.

생활이 어렵고 힘들지라도 밝은 내일을 주시는 주님을 의지하며 소망 가운데 사는 삶이 되게 하여 주옵소서. 주변의 모든 가능성이 닫히는 상황에 부딪친다 할지라도 "에바다" 열리게 하시는 주님을 바라보며 소망 가운데 사는 삶이 되게 하여 주옵소서.

그 어떤 시련과 아픔을 당해도 "담대하라 내가 세상을 이기었노라"고 선언하신 주님의 약속의 말씀을 의지하고 소망 가운데 사는 삶이 되게 하여 주옵소서.

우리 주님은 사막에서 샘이 솟게 하시고, 황무지에서 장미꽃을 피우시는 창조주이심을 믿습니다.

마른 뼈에 생기를 넣어 살리시는, 불가능을 가능하게 하시는 능력의 주님이심을 믿습니다. 고난을 영광으로, 슬픔의 눈물을 기쁨의 눈물로 변하게 하시는 기적의 주님이심을 믿습니다. 그 주님이 지금도 ○○(이)와 함께 하고 계심을 굳게 믿고 소망 중에 즐거워하며 인내하며 사는 삶이 되게 하여 주옵소서.

예수님의 이름으로 축복하며 기도합니다. 아멘

선한 목자를 따라가게 하소서

> 여호와는 나의 목자시니 내게 부족함이 없으리로다
> 그가 나를 푸른 풀밭에 누이시며 쉴 만한 물가로 인도하시는도다
> 내 영혼을 소생시키시고 자기 이름을 위하여
> 의의 길로 인도하시는도다(시 23:1~3)

목자 되신 주님!

우리 ○○(이)를 축복합니다. ○○(이)가 언제나 선한 목자 되신 주님을 의지하고 따라가는 삶이 되게 하옵소서. 사람은 다 양처럼 연약하여 자기를 지킬 수 없는 존재임을 깨닫습니다. 사랑하는 ○○(이)가 목자 되신 주님의 보호와 인도하심이 없이는 살 수 없는 존재임을 잊지 않게 하옵소서.

양에게 목자만 있으면 모든 문제가 해결되듯이, 주님을 믿는 우리에게는 우리의 모든 문제를 해결해 주시는 주님이 계심을 잊지 않게 하옵소서.

그리고 양에게 목자만 있으면 그 어떤 위험이 닥친다 할지라도 가장 안전하듯이, 주님을 믿는 우리에게는 우리를 모든 위험에서 건져주시고 지켜주시는 주님이 계심을 잊지 않게 하옵소서.

그 주님의 음성에 늘 귀 기울이는 삶이 되게 하시고, 그 주님의 인도하심에 자신을 온전히 내어 맡길 수 있는 삶이 되게 하옵소서.

그리하여, 목자 되신 주님을 알고 깨달았던 다윗처럼 오직 주님 한 분 만으로 부족함이 없는 ○○(이)의 삶이 되게 하옵소서.

예수님의 이름으로 축복하며 기도합니다. 아멘

안전한 삶이 되게 하소서

> 여호와께서 너를 지켜
> 모든 환난을 면하게 하시며
> 또 네 영혼을 지키시리로다(시 121:7)

사랑의 주님!

○○(이)를 위하여 축복합니다. ○○(이)의 안전을 우리 주님이 지켜주옵소서. 세상이 험악하여 곳곳마다 위험이 도사리고 있고, 곳곳마다 생명의 위협을 받고 있습니다.

주님! 사랑하는 ○○(이)가 항상 위험에 노출되어 있사오니 불꽃같은 눈동자로 지켜주시기 원합니다. 어느 순간에도 사방으로부터 우겨 쌈을 당하는 일이 발생하지 않도록 모든 위험으로부터 안전하게 지키시고 보호하여 주옵소서.

혹여, 원치 않는 위험한 일이 다다르거든 당황하거나 놀라지 말게 하여 주시고, 주님께 도우심을 구함으로 위기의 순간을 지혜롭게 잘 헤쳐 나갈 수 있게 하여 주옵소서.

혹여 생명의 위협을 당하는 일이 발생하거든 사망의 음침한 골짜기에서 해를 당치 않게 하시는 하나님이신 것을 믿고 두려움에 떨지 않게 하여 주옵소서.

우리 하나님은 사랑하는 당신의 자녀를 도우시는 하나님이신 것을 믿습니다. 모든 위험에서 건지시는 하나님이신 것을 믿습니다. 생명의 면류관으로 관을 씌우시고 좌편과 우편을 성령의 화염검으로 두르시는 하나님이신 것을 믿습니다. 사랑하는 ○○(이)가 그 하나님을 의지하는 가운데 언제나 두려움 없이 사는 삶이 되게 하여 주옵소서.

예수님의 이름으로 축복하며 기도합니다. 아멘

비전의 삶이 되게 하소서

> 묵시가 없으면 백성이 방자히 행하거니와
> 율법을 지키는 자는 복이 있느니라 (잠 29:18)

사랑의 주님!

우리 ○○(이)를 축복합니다. ○○(이)가 언제나 비전을 갖고 사는 삶이 되게 하옵소서. 우리 ○○(이)에게 주님이 주시는 비전이 있기를 원합니다. 주님이 주시는 그 비전이 언제나 아이의 인생을 움직일 수 있게 하시고, 그 비전으로 인해 언제 어디서나 희망이 넘쳐나는 삶이 되게 하옵소서.

요셉이 감당키 어려운 환경 속에서도 주님이 주신 비전을 붙들고 살았기에 늘 일어나는 삶을 산 것처럼, 아이에게 주어진 환경이 아무리 열악할지라도 주님이 주신 비전을 붙들고 늘 일어나는 삶이 되게 하여 주옵소서. 주님이 뜻하신 때에, 주님이 뜻하신 그릇으로 빚으셔서 아이의 인생을 복되게 하실 것을 믿습니다.

또한 ○○(이)의 인생가운데 주님이 주시는 영적인 목표를 발견할 수 있기 원합니다. 하나님의 자녀이면서도 육신적인 것에만 치우쳐 허덕이는 삶이 되지 않게 하시고, 주님이 아이에게 주시는 영적인 목표를 발견하여 그 목표를 향해 달음질할 수 있는 삶이 되게 하옵소서.

사랑하는 ○○(이) 뿐만이 아니라 주님을 믿는 모든 아이들에게도 영적인 목표와 비전을 주셔서 그것으로 인해 복된 인생을 누릴 수 있게 하여 주옵소서.

예수님의 이름으로 축복하며 기도합니다. 아멘

뜨거운 열정이 있게 하소서

소망 중에 즐거워하며 환난 중에 참으며
기도에 항상 힘쓰며(롬 12:12)

사랑의 주님!

우리 ○○(이)를 축복합니다. ○○(이)가 언제나 뜨거운 열정이 있는 삶이 되게 하옵소서. 웃음 짓게 하는 일보다 우울하게 하는 일들이 반복 되는 삶이 된다 할지라도 주님이 내 곁에 좋은 친구 되심을 믿고 언제나 뜨거운 열정으로 살아갈 수 있는 삶이 되게 하옵소서.

지극히 평범한 것 외에 별반 새로운 것이 주어지지 않는 삶이 반복된다 할지라도 주님의 뜻을 담아내기 위하여 최선을 다했음에 만족하며 언제나 뜨거운 열정으로 살아갈 수 있는 삶이 되게 하옵소서.

땀을 흘린 만큼 만족한 열매가 나타나지 않는 삶이 된다 할지라도 늘 함께하시는 주님을 의지하며 언제나 식지 않는 뜨거운 열정으로 살아갈 수 있는 삶이 되게 하옵소서.

착실하게 세운 계획들이 뜻대로 이루어지지 않는 삶이 된다 할지라도 주님의 섭리하심을 바라보며 언제나 뜨거운 열정으로 살아갈 수 있는 삶이 되게 하옵소서.

사랑하는 ○○(이)가 그토록 바라던 것이 끝내 아픔과 실망으로 다가오는 삶이 된다 할지라도 합력하여 선을 이루시는 주님의 손길을 바라보며 언제나 뜨거운 열정으로 살아갈 수 있는 삶이 되게 하옵소서.

예수님의 이름으로 축복하며 기도합니다. 아멘

희망을 심는 사람이 되게 하소서

스스로 속이지 말라
하나님은 업신여김을 받지 아니하시나니
사람이 무엇으로 심든지 그대로 거두리라(갈 6:7)

사랑의 주님!

우리 ○○(이)를 축복합니다. ○○(이)가 주님의 자녀로 희망을 심는 사람이 되게 하옵소서.

근심하는 이에게 미래에 대한 확신을 심어주고, 낙심하는 이에게 다시 일어서게 하는 용기를 심어줄 수 있는 사람이 되게 하옵소서.

슬픔을 당한 이에게 따뜻한 위로를 심어주고, 괴로워하는 이에게 내일에 대한 소망을 심어 줄 있는 사람이 되게 하옵소서.

약한 이에게 주님의 능력으로 강함을 심어주고, 병든 이에게는 치유를 주시는 주님의 말씀으로 희망을 심어줄 수 있는 사람이 되게 하옵소서.

가난한 이에게 주님이 채우시는 부요함을 심어주고, 궁핍한 이에게는 주님이 채우시는 풍성함을 심어줄 수 있는 사람이 되게 하옵소서.

영적으로 연약한 이에게 영안이 열릴 수 있는 믿음을 심어주고, 주님을 향한 뜨거운 열정이 있는 이에게는 헌신의 기쁨과 즐거움을 심어줄 수 있는 사람이 되게 하옵소서.

주님! 언제나 이런 하나님의 자녀로 사는 ○○(이)가 되게 하옵소서.

예수님의 이름으로 축복하며 기도합니다. 아멘

좋은 삶의 자세로 살게 하소서

> 그러므로 내 사랑하는 형제들아
> 건실하며 흔들리지 말고
> 항상 주의 일에 더욱 힘쓰는 자들이 되라
> 이는 너희 수고가 주 안에서 헛되지 않은 줄을 앎이라(고전 15:58)

함께하시는 주님!

우리 ○○(이)를 축복합니다. ○○(이)가 이런 자세로 살 수 있게 하옵소서.

그 어떤 실패에도 낙심하지 않고 당당히 일어설 수 있는, 그 어떤 시련에도 포기하지 않고 당당히 뚫고 나갈 수 있는 자세로 살 수 있게 하옵소서.

그 어떤 위기에도 당황하지 않고 당당히 맞설 수 있는, 그 어떤 불행에도 불평하지 않고 당당히 수용할 수 있는 자세로 살 수 있게 하옵소서.

그 어떤 아픔에도 슬퍼하지 않고 당당히 떨쳐버릴 수 있는, 그 어떤 고난에도 실족하지 않고 당당히 헤쳐 나갈 수 있는 자세로 살 수 있게 하옵소서.

그 어떤 위험에도 피하지 않고 당당히 겨룰 수 있는, 그 어떤 불의에도 굴하지 않고 당당히 외칠 수 있는 자세로 살 수 있게 하옵소서.

그 어떤 충격에도 흔들리지 않고 당당히 용기를 낼 수 있는, 그 어떤 안 좋은 결과에도 단념하지 않고 당당히 재도전할 수 있는 자세로 살 수 있게 하옵소서.

예수님의 이름으로 축복하며 기도합니다. 아멘

소명의 사람으로 살게 하소서

> 나는 모든 사람이 나와 같기를 원하노라
> 그러나 각각 하나님께 받은 자기의 은사가 있으니
> 이 사람은 이러하고 저 사람은 저러하니라 (고전 7:7)

사랑의 주님!

우리 ○○(이)를 축복합니다. ○○(이)가 소명의 사람으로 살게 하옵소서. 하나님께서 인간 각자에게 각기 다른 재능과 탤런트(Talent)를 선물로 주신 것을 깨닫습니다.

사랑하는 ○○(이)에게도 하나님이 주신 재능이 있는 줄 믿습니다. 하나님이 재능을 주신 것은 당신의 영광을 위하여 살도록 하기 위함이오니, ○○(이)가 받은 재능과 탤런트를 활용하여 당신이 이루시기를 원하는 삶의 목적을 이뤄갈 수 있는 사람이 되게 하옵소서. 또한 그것이 하나님께 부름을 받은 소명의 사람으로 사는 것임을 잊지 않게 하옵소서.

혹 다른 사람의 재능이 월등해 보이고 좋아보일지라도, 자기에게 있는 재능과 비교하지 않게 하시고, 공평하신 하나님께서는 당신의 사랑하는 자녀에게 절대로 열등한 재능을 주지 않으신다는 것을 확신하여, 자신의 재능과 소명을 잘 발전시키며 주님의 뜻을 이루는 삶을 살 수 있게 하옵소서.

다른 사람의 것과 비교를 할 때 하나님이 기뻐하시는 소명의 사람으로 살지 못하고, 사단이 좋아하는 욕심대로 살게 된다는 것을 기억하게 하옵소서.

사랑하는 ○○(이)가 소명의 사람으로 살기를 원합니다.

예수님의 이름으로 축복하며 기도합니다. 아멘

강한 자가 되게 하소서

> 강하고 담대하라
> 너는 내가 그들의 조상에게 맹세하여 그들에게 주리라 한 땅을
> 이 백성에게 차지하게 하리라(수 1:6)

반석이신 주님!

우리 ○○(이)를 축복합니다. ○○(이)가 강한 사람이 되게 하옵소서. 게으르고 나태하여 실력 없는 나약한 자가 된 후 세상 탓만 하는 비겁한 사람이 되지 않게 하시고, 부지런하고 열심을 내어 실력을 갖춘 자로서 세상을 정복하며 당당하게 살아가는 강한 사람이 되게 하옵소서.

인간을 강하게 변화시켜 환경을 지배하고 다스리게 하려는 것이 백성을 향한 하나님의 뜻임을 깨닫게 하셔서, 겸손을 가장하여 실력을 기르는 것을 포기하는 사람이 되지 않게 하옵소서. 강한 사람이 되는 것이 그리 쉬운 일은 아니지만 하나님을 의지하고 바라는 인생은 여호수아와 갈렙 같이 강한 사람이 될 수 있다는 믿음과 확신을 갖게 하옵소서. 어려움이 와도 환난과 역경을 만나도 미꾸라지처럼 숨는 인생이 아니라 정정당당하게 세상에 직면하며 정면으로 돌파하는 사람이 되게 하옵소서.

그리하여 하나님의 이름으로 어떤 환경에서도 능히 일어설 수 있음을 보여줄 수 있는 강한 사람이 되게 하옵소서.

강함을 하나님의 영광을 위하여 삶의 중요한 도구로 사용할 수 있는 하나님의 사람이 되게 하옵소서.

예수님의 이름으로 축복하며 기도합니다. 아멘

깨끗한 부자가 되게 하소서

> 의인은 종려나무 같이 번성하며
> 레바논의 백향목 같이 성장하리로다
> 이는 여호와의 집에 심겼음이여
> 우리 하나님의 뜰 안에서 번성하리로다(시 92:12,13)

은혜로우신 주님!

우리 ○○(이)를 축복합니다. ○○(이)가 깨끗한 부자가 되게 하옵소서.

땀 흘리지 않고 얻는 소득을 즐거워하거나, 불의한 방법을 통하여 재물 얻는 것을 기뻐하지 않게 하옵소서.

이익을 창출하기 위하여 남에게 아픔을 주는 일이 없게 하시고, 손해를 보지 않기 위하여 남의 눈에 피눈물을 흘리게 하는 일이 없게 하옵소서. 우리 하나님께서는 이익만을 탐하는 불의한 부자보다는 정직함을 앞세우며, 깨끗한 부자가 되기를 소망하는 자에게 축복하여 주시는 줄 믿습니다.

부정과 비리가 범람하는 세상일지라도 법과 원칙을 잘 지킬 수 있게 하시고, 뇌물을 사용하거나 세금을 탈루하는 일도 없게 하옵소서. 또한 사람의 가장 큰 자본은 돈이 아니라 신용임을 잊지 않게 하셔서, 장사를 하든 직장생활을 하든 신용을 생명처럼 여기며 사는 삶이 되게 하옵소서.

정직하고 깨끗한 부자가 되려고 하는 자에게 안개와 같은 성공이 아니라, 담장너머로 뻗은 나무처럼 번성케 하시는 축복을 더하여 주실 줄 믿습니다.

사랑하는 ○○(이)가 깨끗한 부자가 되게 하옵소서. 예수님의 이름으로 축복하며 기도합니다. 아멘

행복하게 살게 하소서

> 복 있는 사람은 악인들의 꾀를 따르지 아니하며
> 죄인들의 길에 서지 아니하며 오만한 자들의 자리에 앉지 아니하고
> 오직 여호와의 율법을 즐거워하여
> 그 율법을 주야로 묵상하는 자로다(시 1:1,2)

행복의 주인이신 주님!

우리 ○○(이)를 축복합니다. ○○(이)가 행복한 삶을 살아갈 수 있게 하옵소서. 행복하게 산다는 것이 그렇게 쉬운 일은 아니겠지만 불가능할 만큼 어려운 일도 아님을 기억하게 하옵소서.

행복해지기 위하여 해야 할 가장 중요한 일은 행복을 생각하는 것임을 기억하게 하시고, 행복한 삶을 위하여 더 많이 행복의 생각을 키워갈 수 있게 하옵소서. 세상에는 행복을 가로막는 수없이 많은 장애물들이 있지만, 그것을 뛰어넘는 것이 결단코 쉬운 일은 아니지만, 하나님은 우리들에게 능히 그와 같은 것들을 극복하고 행복하게 살 수 있는 능력을 주셨음을 잊지 않게 하옵소서.

행복을 위하여 열심히 뛰게 하여 주옵소서. 그러나 무조건 열심히 뛰는 것만이 행복할 수 있는 길이 아님을 알게 하시고, 언제나 행복의 주인이신 하나님의 뜻을 분별하며 달음질할 수 있게 하옵소서. 또한 답답하고 힘들게 보여도 법과 식을 따라 원칙적인 삶을 살려고 노력하게 하시고, 행복의 보고인 성경을 가까이 할 수 있는 자세를 갖추게 하옵소서. 우리 주님이 사랑하는 ○○(이)를 행복한 삶을 살아갈 수 있도록 그 생각을 붙드실 것을 믿습니다. 예수님의 이름으로 축복하며 기도합니다. 아멘

자존감이 있게 하소서

> 그러나 너희는 택하신 족속이요
> 왕 같은 제사장들이요 거룩한 나라요
> 그의 소유가 된 백성이니(벧전 2:9)

온유하신 주님!

우리 ○○(이)를 축복합니다. ○○(이)가 자신을 지켜낼 수 있는 자존감이 있게 하옵소서.

예수님께서 "온 천하를 얻고도 자기 목숨을 잃으면 무슨 소용이 있겠느냐?"고 말씀하셨듯이 사람의 생명과 목숨이 천하보다 귀함을 기억하게 하옵소서. 그러므로 우리 ○○(이)가 자신의 존재도 천하보다 더 크고 귀한 존재라는 것을 항상 잊지 않고 살아가게 하옵소서.

○○(이)가 자신의 존재에 대하여 무시하거나 하찮게 여기는 일이 없게 하시고, 자신의 인격을 비하시키는 일도 없게 하여 주옵소서.

자신의 존재를 더욱 귀하게 여길 수 있게 하시고, 더욱 사랑할 수 있게 하옵소서. 그 마음으로 다른 사람도 귀하게 여기고 사랑할 수 있는 ○○(이)가 되게 하옵소서.

어느 누구 앞에서도 기가 죽거나 주눅 드는 일이 없게 하시고, 당당하게 자신의 존재를 밝힐 수 있는 아이가 되게 하옵소서. 자신이 하는 일에도 긍지가 있게 하시고, 자랑스럽게 여길 수 있는 배짱이 있게 하옵소서.

사랑하는 ○○(이)가 그 어떤 상황에서도 자신을 지켜낼 수 있는 능력을 갖게 하옵소서.

예수님의 이름으로 축복하며 기도합니다. 아멘

꼭 필요한 사람이 되게 하소서

하나님이 이르시되 그가 나를 사랑한즉 내가 그를 건지리라
그가 내 이름을 안즉 내가 그를 높이리라 (시 91:14)

사랑의 주님!

우리 ○○(이)를 축복합니다. ○○(이)가 이 사회에 꼭 필요한 사람이 되게 하옵소서. 한 번 밖에 주어지지 않는 인생, 있어서는 안 되는 사람과, 있으나 마나한 사람으로 살지 않게 하시고, 없어서는 안 되는 사람으로 살아가게 하옵소서.

힘든 일이겠지만 꼭 있어야만 하는 사람이 되면, 그 한사람 때문에 그가 속한 집단과 사회가 복을 받게 된다는 것을 기억하게 하옵소서. 꼭 있어야만 하는 사람이 되기 위하여 그에 따른 마땅한 대가를 지불할 수 있게 하옵소서. 열심히 공부함으로 실력을 기를 수 있게 하시고, 인생의 목표도 바르게 정하여 달려갈 수 있게 하옵소서. 자기 발전을 위하여 끝없이 노력하게 하시고, 공공의 유익을 위하여 맡겨진 일에는 성실히 감당할 수 있는 사람이 되게 하옵소서.

도전해 볼 만한 가치가 있는 일이라면 망설이지 않게 하시고, 실패를 두려워하지 아니하고 최선을 다할 수 있는 사람이 되게 하옵소서. 특히 인생의 주인이 창조주 하나님이라는 것을 잊지 않고 하나님을 온전히 의지하고 의뢰하는 신앙이 그 삶의 중심이 되게 하옵소서. 사랑하는 ○○(이)를 꼭 있어야만 하는 사람으로 이끄실 것을 믿습니다.

예수님의 이름으로 축복하며 기도합니다. 아멘

제멋대로 살지 않게 하소서

**너희는 스스로 조심하라
그렇지 않으면 방탕함과 술취함과 생활의 염려로 마음이 둔하여지고
뜻밖에 그 날이 덫과 같이 너희에게 임하리라(눅 21:34)**

사랑의 주님!

우리 ○○(이)를 축복합니다. ○○(이)가 제멋대로 사는 방종한 삶이 되지 않게 하옵소서.

정말 아무에게도 방해받지 않고, 어떤 규제도 없이, 자기가 하고 싶은 대로 행동하며 사는 것이 행복이 아님을 늘 깨닫는 삶이 되게 하옵소서.

방종은 결국 불행을 가져다주는 것임을 잊지 않게 하셔서, 조금 불편해도, 조금 힘들어도 법과 원칙을 지키며 살아갈 수 있는 삶이 되게 하옵소서.

일상생활의 규범도 잘 지킬 수 있게 하시고, 신앙생활의 규범도 잘 지키며 살아갈 수 있는 삶이 되게 하옵소서.

혹 자신도 억제하기 힘든 방종에 대한 숨은 욕망이 꿈틀거릴지라도 그와 같은 본능과 싸워 이길 수 있게 하시고, 그것이 힘들어질 때 도우시는 성령님을 강하게 의지할 수 있는 ○○(이)가 되게 하옵소서.

사랑하는 ○○(이)가 정말 행복하고 잘사는 사람이 되기를 원합니다. 내 맘대로 아무렇게나 막 살려고 하는 생각을 갖지 않기를 원합니다. 성령님이 그 생각과 마음을 붙들어주시고 지켜주옵소서.

예수님의 이름으로 축복하며 기도합니다. 아멘

물질을 잘 다스리게 하소서

오직 너희를 위하여 보물을 하늘에 쌓아두라 거기는 좀이나 동록이 해하지 못하며 도둑이 구멍을 뚫지도 못하고 도적질도 못하느니라 (마 6:20)

언제나 부요케 하시는 주님!

우리 ○○(이)를 축복합니다. ○○(이)에게 물질을 잘 관리하고 다스릴 수 있는 지혜를 주옵소서. 재물에 현혹됨으로 재물이 우상이 되는 일이 없게 하시고, 재물에 집착함으로 주님보다 재물을 더 사랑하는 일이 없게 하여 주옵소서.

주님! ○○(이)에게 주님의 말씀에 기초한 물질관을 갖게 하셔서 물질을 주님의 뜻을 나타내는 데 사용할 수 있게 하시고, 자신의 욕구를 채우는 일에는 인색하게 하옵소서.

매사에 주님 앞에 드리고 바칠 것은 마음을 담아 정성껏 드릴 수 있게 하시고, 하나님의 것을 손대지 않는 정직함이 있게 하여 주옵소서.

또한 써야 할 곳과 쓰지 말아야 할 곳을 냉철하게 분별할 수 있는 지혜가 있게 하여 주시고, 주님이 필요로 하는 곳에는 언제나 넉넉함과 여유를 보일 수 있는 복 있는 손길이 되게 하여 주옵소서.

혹 물질이 부족하여 빈곤하게 된다 할지라도 주님을 원망하는 일이 없게 하시고, 합력하여 선을 이루시는 주님을 생각하며 감사의 고백을 드릴 수 있는 삶이 되게 하여 주옵소서. 사랑하는 자에게 때마다 채우시는 주님이심을 믿습니다.

예수님의 이름으로 축복하며 기도합니다. 아멘

하나님을 만나는 삶이 되게 하소서

여호와는 나의 목자시니 내게 부족함이 없으리로다 (시 23:1)

사랑의 주님!

우리 ○○(이)를 축복합니다. ○○(이)가 언제나 하나님을 만나는 삶이 되게 하옵소서.

'여호와 이레'의 하나님을 만나는 삶이 되게 하옵소서. 아브라함이 준비하시는 하나님을 만난 것처럼, 언제나 삶의 필요를 채워주시며 동행하시는 하나님을 만나게 하옵소서.

'여호와 살롬'의 하나님을 만나는 삶이 되게 하옵소서. 기드온이 평강을 주시는 하나님을 만난 것처럼, 오늘도 세상에서는 줄 수도, 빼앗아 갈 수도 없는 평강을 채워주시는 하나님을 만나게 하옵소서.

'여호와 닛시'의 하나님을 만나는 삶이 되게 하옵소서. 영원한 깃발이 되셔서 승리를 주시는 주님을 만나게 하옵소서.

'여호와 라아'의 하나님을 만나게 하옵소서. 친히 목자되어 주시고 지팡이와 막대기로 안전하게 인도하시며 부족함 없이 채워주시는 하나님을 만나게 하옵소서.

'여호와 라파'의 하나님을 만나게 하옵소서. 만병의 의원 되셔서 상하고 지친 영혼과 병든 육신을 강건하게 회복시키시며 생명력을 더해주시는 하나님을 만나는 삶이 되게 하옵소서. 우리 ○○(이)가 언제나 하나님을 만나는 삶이되기를 원합니다.

예수님의 이름으로 축복하며 기도합니다. 아멘

하나님을 경영자로 모시고 살게 하소서

> 만군의 여호와께서 경영하셨은즉
> 누가 능히 그것을 폐하며 그의 손을 펴셨은즉
> 누가 능히 그것을 돌이키랴 (사 23:1)

인생을 주관하시는 주님!

우리 ○○(이)를 축복합니다. ○○(이)가 자신의 인생에 하나님을 경영자로 모시고 살게 하옵소서. 때로는 성공하기도 하지만 인간의 삶은 성공보다는 실패가 훨씬 더 많다는 것을 깨닫습니다. 그 때문에 기쁘고 행복한 날보다는 아픔을 겪어야 하고 괴롬과 슬픔의 눈물을 흘려야만 하는 날들이 얼마나 많습니까?

사랑하는 ○○(이)는 실패가 많은 연약한 인생을 의지하는 일이 없게 하시고, 하나님을 자신의 인생에 경영자로 모시고 살아갈 수 있게 하옵소서. 우리 하나님은 이제까지 실패해 보신 적이 전혀 없으신 최고의 경영자시라는 것을 잊지 않게 하옵소서.

하나님을 경영자로 모시고 살아야 인생 가운데 폭풍우를 만나는 것도 즐거운 경험이 될 수 있을 것임을 잊지 않게 하옵소서. 또한 하나님을 경영자로 모시고 살아야 실패할 수밖에 없는 상황에서도 가장 확실한 도움을 받을 수 있음을 잊지 않게 하옵소서.

사랑하는 ○○(이)가 하나님을 언제나 인생의 경영자로 모시고 살게 하셔서, 이 땅에서 사는 동안 부끄러움 없는 진정한 성공을 누릴 수 있는 삶이 되게 하옵소서.

예수님의 이름으로 축복하며 기도합니다. 아멘

하나님이 주시는 소원을 품게 하소서

> 너희 안에서 행하시는 이는 하나님이시니
> 자기의 기쁘신 뜻을 위하여
> 너희에게 소원을 두고 행하게 하시나니 (빌 2:13)

소망의 주님!

우리 ○○(이)를 축복합니다. ○○(이)가 자신의 소원을 하나님 안에 두는 삶이 되게 하옵소서. 하나님께서는 자기의 기쁘신 뜻을 위하여 우리로 소원을 두고 행하게 하시는 분이심을 믿습니다.

사랑하는 ○○(이)도 우리로 소원을 두고 행하게 하시는 하나님의 사랑을 깨달아 하나님께서 주시는 소원을 위하여 기도할 수 있는 믿음이 있게 하옵소서.

하나님이 없는 자기의 소원은 아무리 좋아 보이고 위대해 보여도 헛될 수밖에 없음을 기억하게 하시고, 하나님께서 주시는 소원이라야 가장 확실하고 흔들림이 없다는 것을 잊지 않게 하옵소서. 또한 하나님께서 주시는 소원이라야 그것이 능력이 있고, 고난이 닥쳐와도 실족하여 넘어지지 않음을 기억하게 하옵소서. 오히려 고난이 자극제가 되어 더 열심히 사는 능력이 될 수 있다는 것을 잊지 않게 하옵소서.

사랑하는 ○○(이)가 하나님이 주시는 소원을 받음으로 그것을 품고 진정으로 소망할 수 있게 하시고, 또한 그것을 행하시는 여호와 하나님을 경험하는 삶이 되게 하옵소서. 그리고 하나님의 기쁘신 뜻을 이루어드리는 복 있는 삶이 되게 하옵소서.

예수님의 이름으로 축복하며 기도합니다. 아멘

복 있는 삶이 되게 하소서

그는 시냇가에 심은 나무가 철을 따라 열매를 맺으며
그 잎사귀가 마르지 아니함 같으니
그가 하는 모든 일이 다 형통하리로다(시 1:3)

사랑의 주님!

우리 ○○(이)를 축복합니다. ○○(이)가 언제나 복 있는 삶이 되게 하옵소서.

시편기자의 고백대로 악인의 꾀를 좇지 아니하며, 죄인의 길에 서지 아니하며, 오만한 자의 자리에 앉지 아니하는 삶이 되게 하옵소서.

오직 여호와의 율법을 즐거워하여 그 율법을 주야로 묵상하는 삶이 되게 하시고, 말씀의 지배를 받아 말씀에 이끌리는 삶이 되게 하옵소서.

시냇가에 심은 나무가 시절을 좇아 과실을 맺듯이, ○○(이)에게도 믿음으로 맺어가는 열매가 있게 하시고, 성실한 자에게 더하시는 형통의 복을 받아 누릴 수 있는 삶이 되게 하옵소서.

우리 ○○(이)가 바람에 나는 겨와 같이 쭉정이 같은 인생이 되지 않기를 원합니다. 심판을 받을 수밖에 없는 악인의 삶이 되지 않기를 원합니다. 의인의 회중에 들지 못하며 망하는 삶이 되지 않기를 원합니다. 항상 주님이 원하시고 인정하시는 복 있는 삶이 되게 하옵소서.

예수님의 이름으로 축복하며 기도합니다. 아멘

결단력 있는 삶이 되게 하소서

> 오직 강하고 극히 담대하여
> 나의 종 모세가 네게 명령한 그 율법을 다 지켜 행하고
> 우로나 좌로나 치우치지 말라
> 그리하면 어디로 가든지 형통하리니 (수 1:7)

사랑의 주님!

우리 ○○(이)를 축복합니다. ○○(이)의 삶이 언제나 주님의 자녀답게 아름다운 결단력 있는 삶을 살 수 있게 하옵소서. 지극히 작은 유혹 앞에서도 주저하거나 머뭇거리는 모습을 보이지 않게 하시고, 단호히 결단할 수 있는 지혜가 있는 삶을 살 수 있게 하옵소서.

악한 말에는 동조하지 않으며, 불의한 일과는 타협하지 않는 믿음으로 살게 하옵소서. 아닌 것은 '아니오' 할 줄 알게 하시고, 옳은 것은 '예' 할 수 있는 행동을 보일 수 있는 삶을 살 수 있게 하옵소서.

안 좋은 기회가 주어졌을 때는 양심의 등불을 밝힐 수 있게 하여 주시고, 좋은 기회가 주어졌을 때는 기도할 수 있는 겸손함이 있는 삶을 살 수 있게 하옵소서.

피하여야 할 자리에는 기웃거리지 않게 하시고, 불가능할지라도 필요한 행동이 있어야 할 때는 용기를 보일 수 있는 삶을 살 수 있게 하옵소서.

의롭고 선한 일에는 뒷걸음질치지 않게 하시고, 주님의 뜻을 나타내는 일에는 늘 선봉에 설 수 있는 믿음으로 살 수 있는 ○○(이)가 되게 하옵소서.

예수님의 이름으로 축복하며 기도합니다. 아멘

팔복의 삶이 되게 하소서

> 기뻐하고 즐거워하라 하늘에서 너희의 상이 큼이라
> 너희 전에 있던 선지자들도 이같이 핍박하였느니라 (마 5:12)

축복의 주님!

우리 ○○(이)를 축복합니다. ○○(이)의 삶이 주님이 가르쳐주신 팔복의 삶이 되게 하옵소서.

심령이 가난한 삶을 살아감으로 영원한 기업인 천국을 소유할 수 있게 하옵소서. 애통하는 삶을 살아감으로 주님의 크신 위로를 받을 수 있게 하옵소서.

온유한 삶을 살아감으로 주님이 주신 땅을 기업으로 받을 수 있게 하옵소서. 의에 주리고 목마른 삶을 살아감으로 주님이 베푸신 하늘의 만나로 배부를 수 있게 하옵소서.

긍휼히 여기는 삶을 살아감으로 주님의 긍휼과 자비를 받을 수 있게 하옵소서. 마음이 청결한 삶을 살아감으로 늘 거룩하신 하나님을 만날 수 있게 하옵소서.

화평케 하는 삶을 살아감으로 늘 하나님의 아들이라 불릴 수 있게 하옵소서. 의를 위하여 핍박을 받는 삶을 살아감으로 생명의 면류관을 받을 수 있게 하옵소서.

핍박 가운데서도 언제나 기뻐하고 언제나 즐거워함으로, 하늘의 상급을 잊지 않는 삶이 되게 하옵소서.

우리 ○○(이)의 삶이 팔복의 삶이 되게 하실 것을 믿사옵고 예수님의 이름으로 축복하며 기도합니다. 아멘

기도의 삶이 되게 하소서

하나님께 가까이 함이 내게 복이라
내가 주 여호와를 나의 피난처로 삼아
주의 모든 행적을 전파하리이다(시 73:28)

함께 하시는 주님!

우리 ○○(이)를 축복합니다. ○○(이)의 입술이 언제나 하나님을 의뢰하는 기도하는 입술이 되게 하옵소서.

잠자리에서 일어나 제일 먼저 하는 것이 기도이게 하시고, 하루를 마치고 잠자리에 들며 제일 나중에 하는 것도 기도이게 하옵소서.

어떤 일을 하든지 먼저 하나님의 인도하심을 구하는 기도가 있게 하시고, 어떤 결과가 주어지든지 먼저 하나님께 영광 돌리는 감사의 기도가 있게 하여 주옵소서.

사랑하는 우리 ○○(이)가 항상 하나님을 의뢰하는 기도를 통하여 하나님을 경험하는 삶이 되게 하시고, 날마다 하나님의 깊으신 사랑과 지혜와 능력을 체험하는 삶이 되게 하옵소서.

사랑하는 ○○(이)가 일생을 살아가는 동안 기도의 성소만큼은 잃지 않는 삶이 되게 하여 주시고, 늘 기도의 향기로 하늘 보좌를 진동시키는 삶이 되게 하여 주옵소서.

기도가 있기에 평안을 느끼고, 기도가 있기에 안식을 누리며, 기도가 있기에 영육이 부요해지는 ○○(이)의 삶이 되게 하여 주옵소서.

예수님의 이름으로 축복하며 기도합니다. 아멘

감사하는 삶이 되게 하소서

> 범사에 감사하라
> 이는 그리스도 예수 안에서 너희를 향하신
> 하나님의 뜻이니라(살전 5:18)

사랑의 주님!

우리 ○○(이)를 축복합니다. ○○(이)가 언제나 감사할 수 있는 삶이 되게 하옵소서. 기쁘고 즐거운 일들이 넘칠 때에만 감사하는 것이 아니라 괴롭고 슬플 일들이 마음을 무겁게 할 때에도 주님께 감사할 수 있는 사람이 되게 하옵소서.

인정과 칭찬을 들었을 때에만 감사하는 것이 아니라 책망과 훈계를 들었을 때에도 주님께 감사할 수 있는 사람이 되게 하옵소서. 원하는 목표를 이루었을 때에만 감사하는 것이 아니라 실패의 쓴잔을 마셨을 때에도 주님께 감사할 수 있는 사람이 되게 하옵소서.

사람들에게 관심과 사랑을 받고 있을 때에만 감사하는 것이 아니라 미움과 오해를 받고 있을 때에도 주님께 감사할 수 있는 사람이 되게 하옵소서. 주어진 조건과 형편이 너무 좋고 윤택할 때에만 감사하는 것이 아니라 최악의 조건과 열악한 환경이 되었을 때에도 주님께 감사할 수 있는 사람이 되게 하옵소서. 건강한 육체와 정신을 가졌을 때에만 감사하는 것이 아니라 아픔과 질병에 놓였을 때에도 주님께 감사할 수 있는 사람이 되게 하옵소서.

주님! 우리 ○○(이)가 모든 것 다 주님께 감사할 수 있는 삶이 되게 하옵소서. 예수님의 이름으로 축복하며 기도합니다. 아멘

만족하는 삶이 되게 하소서

의에 주리고 목마른 자는 복이 있나니 그들이 배부를 것임이요(마 5:6)

만족케 하시는 주님!
우리 ○○(이)를 축복합니다. ○○(이)가 언제나 만족하며 사는 삶이 되게 하옵소서. 주어진 조건이 부족하고 환경이 열악하다고 해도 삶을 비관하거나 저주하지 않게 하시고, 헤쳐 나갈 수 있는 지혜와 용기가 있음을 인하여 만족하며 감사할 수 있는 아이가 되게 하여 주옵소서.

그가 살아가며 채울 수 없는 잔 때문에 낙망하거나 불평하지 않게 하시고, 채워 갈 수 있는 잔이 있음을 인하여 만족하며 감사할 수 있는 아이가 되게 하여 주옵소서.

더 많은 것을 얻고 취하는 데만 인생을 허비하지 않게 하시고, 지금 있는 것에 만족할 줄 알며 평안을 누리는 아이가 되게 하여 주옵소서. 혹, 여유 있고 풍족한 삶이라 하여 자만하지 않게 하여 주시고, 모든 것을 가진 양 방만한 아이가 되지 않게 하여 주옵소서.

주님! 자신만을 위하는 인생이기보다 남을 돌아볼 줄 아는 아이가 되어 더 많이 갖는 것보다 더 많이 주는 것이 복 있음을 알며, 내어놓는 삶으로 부요함을 느낄 수 있는 아이가 되게 하여 주옵소서.

인정하는 이 없고 바라보는 이 많지 않아도, 하나님의 자녀로 살아갈 수 있음을 기쁘게 여길 수 있는 삶이 되게 하여 주옵소서. 예수님의 이름으로 축복하며 기도합니다. 아멘

기도하는 소리를 듣게 해주세요

부모가 자녀를 위해 기도하는 소리를
아이들이 들을 필요가 있습니다.
아이들을 축복해 달라고
하늘의 능력으로 굳세고 바르게 해달라고
부모가 간절히 기도하는 기도의 소리들 말입니다.
그러면 아이들은 부모가 자신들의 세속적인 성공에만
관심이 있는 것이 아니라
자신들을 무한히 가치 있는 존재로
인정한다는 것을 깨닫게 될 것입니다.
바로 그것을 아는 것이 축복의 근원입니다.
아이가 넘어져서 무릎을 다치면,
울면서 부모에게로 달려올 것입니다.
그러면 아이들을 붙들고 기도해 주세요.
모든 상처는 하나님께 먼저 가는 것이 중요합니다.
그러고 나서 약을 바르고 반창고를 붙여도
절대로 늦지 않을 것입니다.

- 호프 플린치바흐

2부

자녀의 희망과 행복한 미래를 세워주는 축복기도문 ②

영육 간에 잘 자라게 하소서

또 너희가 어찌 의복을 위하여 염려하느냐 들의 백합화가 어떻게 자라는가 생각하여 보라 수고도 아니하고 길쌈도 아니하느니라 (마 6:28)

사랑의 주님!

우리 ○○(이)를 축복합니다. ○○(이)가 아무 탈 없이 건강하게 잘 자라게 하심을 감사드립니다.

○○(이)가 아무 탈 없이 잘 자라고 있는 것은 언제나 주님의 세심하신 손길이 아이를 붙들고 계신 까닭임을 믿습니다. 전적인 주님의 은총입니다.

주님! 바쁘다는 핑계로 가정교육을 소홀히 하고, 위탁교육에만 의존하는 부모가 되지 않기를 원합니다. 아이에게 가장 훌륭한 학교는 가정임을 느낄 수 있도록 부모의 책임을 다할 수 있게 하여 주옵소서.

또한 아이가 하나 둘 씩 알아가는 것이 신기해서 신앙교육을 놓치고 세상 교육에만 치우치는 부모가 되지 않기를 원합니다. 어릴 때의 신앙교육이 더 없이 중요함을 깨달아 주의 말씀으로 잘 양육할 수 있는 부모가 되게 하여 주옵소서.

또한 사랑하는 ○○(이)를 믿음 안에서 꿈을 키워가는 아이로 세워갈 수 있는 부모가 되게 하여 주옵소서. 아이의 인격이 신앙의 틀 안에서 잘 다듬어지기를 원합니다. 아이의 미래가 믿음의 기초위에 세워지기를 원합니다.

매사에 본을 잘 보일 수 있는 부모가 되게 하여 주옵소서.

예수님의 이름으로 축복하며 기도합니다. 아멘

성경의 인물처럼 자라게 하소서

자녀들아 너희는 하나님께 속하였고 또 그들을 이기었나니
이는 너희 안에 계신 이가 세상에 있는 자보다 크심이라 (요일 4:4)

사랑의 주님!

우리 ○○(이)를 축복합니다. ○○(이)가 성경의 인물처럼 자랄 수 있게 하옵소서. 아브라함처럼, 갈 바를 알지 못했지만 약속의 말씀을 따라 움직였던 믿음의 아이로 자랄 수 있게 하옵소서.

이삭처럼 번제물이 된다 할지라도 기꺼이 아버지의 말씀을 따랐던 순종의 아이로 자랄 수 있게 하옵소서. 야곱처럼 도망자가 된다 할지라도 하나님의 축복을 최고의 가치로 여길 줄 아는 은혜의 아이로 자랄 수 있게 하옵소서.

요셉처럼 노예 신세가 된다 할지라도 하나님이 주신 꿈을 소중히 여기며, 그 꿈을 이루기까지 인내할 줄 아는 아이로 자라게 하옵소서. 사무엘처럼 세상과 닫힌 공간에 산다 할지라도 언제나 하나님의 음성 듣기를 사모하며 그 음성에 응답하기를 기뻐했던 영성의 아이로 자랄 수 있게 하옵소서.

다윗처럼 높은 권세를 가졌다 할지라도 언제나 성전을 사랑하고 그 안에 거하기를 원했던 순수한 아이로 자랄 수 있게 하옵소서. 다니엘처럼 사자 굴에 들어간다 할지라도 하나님의 섭리를 끝까지 신뢰하며 믿음을 굽히지 아니한 용기의 아이로 자랄 수 있게 하옵소서.

예수님의 이름으로 축복하며 기도합니다. 아멘

좋은 스승을 만나게 하소서

때가 이르리니 사람이 바른 교훈을 받지 아니하며
귀가 가려워서 자기의 사욕을 따를 스승을 많이 두고
또 그 귀를 진리에서 돌이켜 허탄한 이야기를 따르리라(딤후 4:3,4)

사랑의 주님!

우리 ○○(이)를 축복합니다. ○○(이)가 좋은 스승을 만나게 하옵소서. 단지 지식만 중요시하는 선생님이 아니라, 꿈을 심어주고 미래를 열어줄 수 있는 선생님을 만나게 하옵소서. 단지 성적을 우선시하는 선생님이 아니라, 바른 인격을 세워줄 수 있는 선생님을 만나게 하옵소서. 단지 학습태도만 우선시하는 선생님이 아니라, 아이의 표정까지도 읽을 줄 아는 선생님을 만나게 하옵소서.

○○(이)의 잘못을 매로 다스리는 선생님이 아니라, 따뜻한 사랑으로 아이를 품어줄 수 있는 선생님을 만나게 하옵소서. ○○(이)에게 부족한 것이 많아도 나무라지 아니하며, 너른 가슴으로 품어주고 용기를 줄 수 있는 선생님을 만나게 하옵소서. 학습능력이 뒤떨어져도 무시하는 선생님이 아니라, 아이의 장점을 발견하여 키워줄 수 있는 선생님을 만나게 하옵소서.

생활이 어렵다고 차별하는 선생님이 아니라, 어려운 생활을 살피고 헤아릴 줄 아는 선생님을 만나게 하옵소서.

작은 일에도 풍성한 칭찬을, 작은 슬픔에도 넘치는 위로를 아끼지 않는 선생님을 만나게 하옵소서. 언제나 자랑하고 싶고, 언제나 존경하고 싶은 선생님을 만나게 하옵소서. 예수님의 이름으로 축복하며 기도합니다. 아멘

공동체 생활에 잘 적응할 수 있게 하소서

나는 심었고 아볼로는 물을 주었으되
오직 하나님은 자라게 하셨나니
그런즉 심는 이나 물주는 이는 아무것도 아니로되
오직 자라나게 하시는 이는 하나님뿐이시니라 (고전 3:6,7)

사랑의 주님!

우리 ○○(이)를 축복합니다. ○○(이)가 이제 가정을 벗어나 교육기관에서 가르침과 지도를 받게 되었습니다.

주님! ○○(이)가 공동체 생활에 잘 적응할지 모르겠어요. 주님이 도와주옵소서. 낯선 환경에 대한 공포와 두려움이 없게 하여 주시고, 선생님의 가르침을 잘 따를 수 있도록 도와주옵소서. 친구들과도 잘 사귀고 어울릴 수 있게 하여 주시고 따돌림 당하지 않도록 붙들어 주옵소서.

또한 집에서 하던 버릇대로 선생님에게 떼를 쓰거나 투정 부리는 일이 없게 하여 주시고, 문제아처럼 말썽을 부리는 일도 없게 하여 주옵소서. 다루기 피곤한 아이, 귀찮은 아이가 되지 않기를 원합니다.

주님! 사랑하는 ○○(이)가 공동체 생활과 교육을 통하여 시야가 조금씩 넓어지기를 원합니다. 인격의 기초가 잘 닦여지기를 원합니다. 귀중한 사회성을 잘 익혀나갈 수 있기를 원합니다. 주님이 도와주옵소서. 우리 주님이 꼭 필요한 아이로 빚으실 것을 믿습니다.

예수님의 이름으로 축복하며 기도합니다. 아멘

학교생활에 잘 적응하게 하소서

그는 우리 하나님이시요 우리는 그가 기르시는 백성이며
그 손이 돌보시는 양이기 때문이라
너희가 오늘 그의 음성을 듣거든(시 95:7)

사랑의 주님!

우리 ○○(이)를 축복합니다. ○○(이)와 언제나 함께 하시고 동행하시는 주님이심을 믿습니다.

특별히 ○○(이)의 학교생활을 위하여 기도합니다. 아이가 학교생활에 잘 적응할 수 있도록 도와주시옵소서. 수업에 대한 집중력도 키워주셔서 선생임이 가르치는 것을 잘 이해하며 익힐 수 있게 하여 주시고, 또래 친구와도 잘 사귀고 교제할 수 있는 아이가 되게 하여 주옵소서.

학교생활을 하면서 ○○(이)에게 지혜의 샘이 더하게 하여 주시고, 사회성과 친화력도 강화되게 하셔서 인성과 지성을 겸비한 사람으로 다듬어지는 계기가 되게 하여 주옵소서.

주님! ○○(이)가 아직 어리긴 하지만 신앙이 묻어 있는 학교생활을 하기 원합니다. 수업하기 전에 기도로 주님의 지혜를 구할 수 있는 아이가 되게 하여 주시고, 배운 것을 감사할 수 있는 아이가 되게 하여 주옵소서.

주님! ○○(이)가 또래들을 전도하는 아이가 되기를 원합니다. 단지 친구를 사귀는 것으로 끝나지 않게 하시고, 믿지 않는 친구들을 주님께로 인도할 수 있는 아이가 되게 하여 주옵소서. 사랑하는 ○○(이)의 학교생활을 주님께 맡깁니다. 예수님의 이름으로 축복하며 기도합니다. 아멘

공부의 좋은 학습 태도를 갖게 하소서

악한 사람들과 속이는 자들은 더욱 악하여져서
속이기도 하고 속기도 하나니 그러나 너는 배우고 확신한 일에 거하라
너는 네가 누구에게 배운 것을 알며 (딤후 3:13,14)

은혜의 주님!

우리 ○○(이)를 축복합니다. ○○(이)가 좋은 학습의 습관을 갖게 하옵소서.

학습에 대한 계획을 잘 세울 수 있는 지혜를 주셔서, 배움에 대한 자기관리를 잘 할 수 있게 하시고, 창조적인 학습태도를 만들어 갈 수 있는 아이가 되게 하옵소서.

학교에서의 수업과, 집에서의 복습이나 예습을 할 때, 학습자의 기본철칙을 잘 지킬 수 있게 하시고, 산만한 생각을 잘 다스릴 수 있는 통제력이 있는 아이가 되게 하옵소서.

학년에 맞는 필요한 것들을 배워가는 과정 속에서 학습에 대한 태도를 바르게 할 수 있게 하시고, 선생님의 말씀에 집중할 수 있는 정서적 안정이 있게 하여 주옵소서.

무엇을 배우든지 수업에 들어가기 전에 먼저 학습할 수 있는 자기 준비가 있게 하시고, 불필요한 것들에 마음을 빼앗기는 일이 없도록 학습 분위기를 잘 만들어 갈 수 있는 아이가 되게 하옵소서.

무엇을 배우고 어떤 것을 익히든지 항상 자신감을 잃지 않게 하시고, 배우고자 하는 의욕을 상실하지 않게 하옵소서.

학습을 통해서도 하나님이 받으시는 기쁨이 있음을 기억하여 복 있는 학습생활을 잘 만들어가는 아이가 되게 하옵소서. 예수님의 이름으로 축복하며 기도합니다. 아멘

공부하는 즐거움을 갖게 하소서

그리하면 모든 지각에 뛰어난 하나님의 평강이
그리스도 예수 안에서 너희 마음과 생각을 지키시리라 (빌 4:7)

공부 할 수 있는 시기와 때를 주신 주님!
우리 ○○(이)를 축복합니다. ○○(이)가 공부하는 즐거움을 갖게 하옵소서. ○○(이)가 학생의 때에 힘써야 할 가장 큰 본분은 공부하는 것임을 잊지 않게 하옵소서.

'공부가 전부냐'고 비아냥거리는 아이들도 있지만, ○○(이)는 공부하는 것을 가벼이 여기지 않게 하시고, 학생 때에 힘을 다하여 공부할 수 있는 아이가 되게 하옵소서.

배움의 여정을 걸어가는 것이 학생의 때에 가장 아름다운 모습임을 기억하게 하시고, 그것이 학생으로서 가질 수 있는 가장 큰 특권과 축복임도 깨닫게 하옵소서.

학생의 때에 열심히 공부하는 것이 나으시고 기르시는 부모님에게 기쁨을 주는 것이요, 효도하는 것임을 잊지 않게 하시고 공부를 해야만 폭넓은 지식을 습득할 수 있고, 미래의 꿈도 펼쳐나갈 수 있음도 잊지 않게 하옵소서.

사랑하는 ○○(이)가 공부할 때에 그것이 무거운 짐같이 느껴지지 않게 하시고, 의욕을 가지고 즐거운 마음으로 할 수 있도록 주님께서 도와주옵소서. 공부도 주님께 맡기고 주님을 의지하는 중심을 가지고 하면 더 나은 결과를 얻을 수 있다는 사실을 깨닫게 하셔서, 모든 지각에 뛰어나신 주님을 더욱 의지할 수 있는 ○○(이)가 되게 하옵소서. 예수님의 이름으로 축복하며 기도합니다. 아멘

지혜와 명철을 충만케 하소서

> 지혜를 얻는 자와 명철을 얻은 자는 복이 있나니
> 이는 지혜를 얻는 것이 은을 얻는 것보다 낫고
> 그 이익이 정금보다 나음이니라(전 3:13,14)

지혜와 명철이 끝이 없으신 하나님!

우리 ○○(이)를 축복합니다. ○○(이)에게 지혜와 명철을 충만케 하옵소서. 인생을 살다보면 지혜와 명철이 필요한 순간이 얼마나 많습니까? ○○(이)가 무엇을 결정하고 선택해야만 하는 인생의 순간마다, 지혜와 명철이 부족하여 잘못 결정하고 선택하는 일이 없게 하옵소서.

우리 주님이 ○○(이)에게 해야 할 것과 하지 말아야 할 것을 분명히 분별할 줄 아는 지혜와 명철을 더하여 주시고, 가야할 곳과 가지 말아야 할 곳을 정확히 구분할 줄 아는 지혜와 명철을 더하여 주옵소서.

또한, 선한 것과 악한 것을 명확히 분별할 줄 아는 지혜와 명철을 더하여 주시고, 칭찬받을 일과 비난받을 일을 정확히 분별할 줄 아는 지혜와 명철을 더하여 주옵소서.

친구를 사귈 때나, 진로를 선택할 때나, 또는 배우자를 구할 때에도 올바른 선택을 할 수 있는 총명이 필요하오니 사랑하는 ○○(이)가 후회만 남는 선택이 되지 않도록 지혜와 명철을 더하여 주옵소서.

사랑하는 ○○(이)의 인생이 항상 주님의 지혜와 명철로 충만히 채워지는 삶이 되게 하시고, 창조자 하나님을 기억하며 그분께만 영광 돌리는 삶이 되게 하옵소서.

예수님의 이름으로 축복하며 기도합니다. 아멘

책 읽는 좋은 습관을 갖게 하소서

명철한 자의 마음은 지식을 얻고
지혜로운 자의 귀는 지식을 얻느니라(잠 18:15)

사랑의 주님!

우리 ○○(이)를 축복합니다. ○○(이)가 성공하는 사람들의 공통된 특징은 독서하는 좋은 습관을 갖고 있었다는 것을 기억하게 하옵소서. 독서는 바른 생각을 할 수 있는 사고력을 키워주고, 바른 비전과 목표를 갖게 하는 데 큰 도움을 준다는 것을 기억하게 하옵소서. 또한 바른 인성과 인격을 다듬는 데 책만큼 좋은 선생이 없음을 기억하게 하옵소서. 언어의 폭도 좋은 독서의 습관을 통하여 기를 수 있음을 기억하게 하시고, 넓은 시야를 갖는 것도 책을 통하여 만들어 진다는 것을 기억하게 하옵소서.

사랑하는 ○○(이)가 많은 책을 접하는 것만큼 인생에 큰 자산이 없음을 잊지 않게 하시고, 책을 통한 다양한 지식과 경험들은 돈으로도 살 수 없는 인생의 큰 자본임을 잊지 않게 하옵소서. 사랑하는 ○○(이)가 책 읽는 좋은 습관을 통하여 더 넓은 지식의 세계와 더 깊은 정신 세계를 키워갈 수 있게 하시고, 쉽게 경험하기 힘든 것들과 경험할 수 없는 것들을 다양하게 경험할 수 있는 즐거움을 누릴 수 있게 하옵소서. 생각을 어지럽게 하거나 인생에 해로움을 주는 책들은 경계할 수 있게 하시고, 신앙생활에 방해가 되는 책들은 아예 피할 수 있게 하옵소서.

예수님의 이름으로 축복하며 기도합니다. 아멘

공부할 때 집중력이 있게 하소서

이 모든 일에 전심전력하여
너의 성숙함을 모든 사람에게 나타나게 하라(딤전 4:15)

사랑의 주님!

우리 ○○(이)를 축복합니다. ○○(이)가 공부할 때 집중력을 주옵소서. 공부를 잘하고 못하는 비결은 집중력에 달려 있음을 잊지 않게 하옵소서. 학교에서 선생님의 가르침을 받을 때나, 집에서 복습과 예습을 할 때 분주함이나 산만함이 없게 하시고, 집중하여 공부할 수 있도록 붙들어 주옵소서.

다른 생각에 마음이 빼앗겨 선생님이 하시는 말씀을 놓치는 일이 없게 하시고, 선생님이 하시는 말씀을 이해하지 못하여 딴전을 피우는 일이 없게 하여 주옵소서.

공부를 하면 할수록 재미가 붙게 하시고, 더하고 싶은 의욕이 그 마음에 기쁨으로 남게 하옵소서.

혹 ○○(이)의 생각을 어지럽게 하는 일들이 공부하고자 하는 마음을 훼방하거나 가로막으면 예수님의 이름을 앞세워 물리칠 수 있는 믿음을 보일 수 있게 하옵소서.

교회에서도 선생님을 통하여 신앙의 가르침을 받을 때에 집중하여 들을 수 있는 태도가 있게 하시고, 배우면 배울수록 더 알고 싶은 욕구가 그 마음을 주장하게 하옵소서.

주님이 기뻐하시는 배우고 확신한 일에 거하는 첫걸음도 집중하는 태도가 우선 되어야 함을 잊지 않게 하옵소서.

예수님의 이름으로 축복하며 기도합니다. 아멘

기본이 잘 잡혀있게 하소서

**지혜를 얻으며 명철을 얻으라
내 입의 말을 잊지 말며 어기지 말라(잠 4:5)**

사랑의 주님!

우리 ○○(이)를 축복합니다. ○○(이)가 기본이 잘 잡혀있는 사람이 되게 하옵소서.

기본이 잡혀있지 않아서 성공 앞에서도 무너지는 경우가 얼마나 많습니까? 기본이 잡혀있지 않으면 무엇을 하든지 쉬 흔들리고, 무너질 수밖에 없음을 깨닫습니다.

주님! 사랑하는 ○○(이)가 어릴 때부터 기본을 무시하지 않고 기본에 충실할 수 있도록 도와주옵소서. 잘되고 안 되는 것의 기준은 기본에 달려있다는 것을 늘 인식할 수 있는 ○○(이)가 되게 하옵소서.

무엇을 익히고 배우든지 성급함이나 건성으로 임하는 태도가 없게 하시고, 진지함으로 하나하나, 차근차근히, 기본을 다져갈 수 있는 ○○(이)가 되게 하여 주옵소서.

주님! 신앙의 기본도 잘 잡혀진 자녀가 되기를 원합니다. 어릴 때부터 신앙의 틀을 잘 갖출 수 있는 ○○(이)가 되게 하시고, 그 신앙의 틀이 ○○(이)의 일생을 세워주는 모판이 되게 하여 주옵소서.

주님! 기본을 중시하는 ○○(이)가 되게 하실 것을 믿습니다. 예수님의 이름으로 축복하며 기도합니다. 아멘

제 역할을 잘 감당하게 하소서

> 우리에게 향하신 여호와의 인자하심이 크시고
> 여호와의 진실하심이 영원함이로다(시 117:2)

사랑의 주님!

우리 ○○이(이)를 축복합니다. ○○(이)가 제 역할을 잘 감당할 수 있는 아이로 성장할 수 있게 하옵소서.

○○(이)는 특별히 잘하는 것이나 내세울 것도 없는 너무나 평범한 아이입니다. 솔직히 재주 많은 다른 아이들을 볼 때 부모로서 부러운 것이 사실이지만, 그러나 우리 ○○(이)를 향하신 주님의 선하신 계획이 분명히 있는 줄 믿습니다.

지금 당장 아이에게 특별한 그 무엇이 보이지 않는다고 하여 아이의 미래를 무시하는 잘못을 범하지 않게 하여 주옵소서. 아이에게 특별한 것이 보이지 않을지라도 지금 우리 주님이 귀히 쓰실 그릇으로 빚고 계시는 줄 믿습니다.

때가 되면 아이가 제 역할을 잘 감당할 수 있는 주님의 자녀로 아름답게 세우실 것을 믿습니다. 제가 알지 못하는 그 무엇으로 아이의 앞길을 열어주시고 복 있게 하실 것을 믿습니다.

주님의 나라를 위해서나, 세상 나라를 위해서 꼭 필요한 사람으로 쓰실 것을 믿습니다. 그 주님의 뜻하신 손길을 바라보며 아이를 위해서 늘 기도할 수 있게 하시고, 아이에게도 주님을 의지할 수 있는 인생이 되도록 늘 이끌어 줄 수 있는 부모가 되게 하여 주옵소서.

예수님의 이름으로 축복하며 기도합니다. 아멘

자신을 잘 다스리게 하소서

> 노하기를 더디 하는 자는 용사보다 낫고
> 자기의 마음을 다스리는 자는 성을 빼앗는 자보다 나으니라 (잠 16:32)

사랑의 주님!

우리 ○○(이)를 축복합니다. ○○(이)가 자신을 잘 다스릴 줄 아는 사람으로 성장할 수 있게 하옵소서.

자신의 생각과 마음을 잘 다스릴 줄 알며, 입과 혀를 잘 다스릴 줄 아는 사람으로 성장할 수 있게 하옵소서.

자신의 손과 발을 잘 다스릴 줄 알며, 안목과 정욕을 잘 다스릴 줄 아는 사람으로 성장할 수 있게 하옵소서.

자신의 이성과 감정을 잘 다스릴 줄 알며, 의욕과 욕구를 잘 다스릴 줄 아는 사람으로 성장할 수 있게 하옵소서.

자신의 성격과 성질을 잘 다스릴 줄 알며, 돈과 재물을 잘 다스릴 줄 아는 사람으로 성장할 수 있게 하옵소서.

자신의 강함과 약함을 잘 다스릴 줄 알며, 성공과 실패를 잘 다스릴 줄 아는 사람으로 성장할 수 있게 하옵소서.

자신의 걱정과 염려를 잘 다스릴 줄 알며, 슬픔과 기쁨을 잘 다스릴 줄 아는 사람으로 성장할 수 있게 하옵소서.

자신의 교만과 자만을 잘 다스릴 줄 알며, 꿈과 비전을 잘 다스릴 줄 아는 사람으로 성장할 수 있게 하옵소서.

자신의 환경과 생활을 잘 다스릴 줄 알며, 주어진 삶을 잘 가꿀 줄 아는 사람으로 성장할 수 있게 하옵소서.

예수님의 이름으로 축복하며 기도합니다. 아멘

장점과 특기를 잘 살릴 수 있게 하소서

명철한 자의 마음은 지식을 얻고
지혜로운 자의 귀는 지식을 구하느니라(잠 18:15)

사랑의 주님!

우리 ○○(이)를 축복합니다. ○○(이)가 장점과 특기를 잘 살릴 수 있게 하여 주옵소서.

공평하신 하나님은 우리 ○○(이)에게 귀한 생명을 선물로 주심과 동시에, 하나님이 주신 사명을 감당하고 많은 사람을 유익하게 할 수 있는 장점과 특기도 선물로 주신 줄 믿습니다. 그것을 통하여 주님의 영광을 나타내고 많은 사람들에게 기쁨을 줄 수 있게 사람이 되게 하옵소서.

자신에게 있는 장점과 특기를 계발하기에 힘쓰되 더욱 하나님의 지혜를 구할 수 있는 사람이 되게 하시고, 능력으로 도우시는 주님의 손길을 의지할 수 있는 사람이 되게 하옵소서. 그러나 너무 지나칠 정도로 자신의 장점과 특기에만 몰두하는 일이 없기를 원합니다. 지성의 원숙함과 풍요함이 있어야 자신의 장점과 특기에도 창의력을 더할 수 있다는 사실을 깨달아, 학생으로서의 기본적인 교육을 받는 데 최선을 다할 수 있는 사람이 되게 하여 주옵소서.

또한 대인관계도 자신의 장점과 특기를 살리는 것만큼 중요함을 깨달아 친구들과도 잘 어울리며, 사회성을 넓혀갈 수 있는 사람이 되게 하옵소서. 크신 은총으로 함께하실 것을 믿사옵고 예수님의 이름으로 축복하며 기도합니다. 아멘

건전한 취미를 갖게 하소서

모든 것이 내게 가하나 다 유익한 것이 아니요
모든 것이 내게 가하나
내가 아무에게든지 얽매이지 아니하리라(고전 6:12)

사랑의 주님!

우리 ○○(이)를 축복합니다. ○○(이)가 건전한 취미를 갖게 하옵소서.

건전한 취미생활로 정신건강에 유익이 되게 하시고, 인격 함양에 도움을 얻을 수 있게 하옵소서.

본성에 이끌린 취미보다는 이성에 충실한 취미를 갖게 하여 주시고, 충동에 이끌린 취미보다는 감성에 충실한 취미를 갖게 하여 주옵소서.

건전한 취미생활로 자신의 정서와 인격을 다듬어 갈 뿐만 아니라, 타인에게도 좋은 영향을 미칠 수 있는 취미를 갖게 하여 주옵소서.

건전한 취미생활로 자신에게 유익할 뿐만 아니라, 타인에게도 유익을 줄 수 있는 취미를 갖게 하여 주옵소서.

건전한 취미생활로 자신에게 도움 되는 것뿐만 아니라, 타인에게도 도움을 줄 수 있는 취미를 갖게 하여 주옵소서.

무엇보다도 주님께 기쁨이 될 수 있는 취미를 갖게 하여 주시고, 주님의 영광을 높일 수 있는 취미를 갖게 하여 주옵소서. 사랑하는 ○○(이)의 취미도 주님께 쓰임 받는 도구가 되기를 원합니다.

예수님의 이름으로 축복하며 기도합니다. 아멘

성공을 마음의 화랑으로 그리게 하소서

나의 영혼아 잠잠히 하나님만 바라라
무릇 나의 소망이 그로부터 나오는도다
오직 그만이 나의 반석이시요 나의 구원이시요 나의 요새이시니
내가 흔들리지 아니하리로다 (시 62:5,6)

은혜의 주님!

우리 ○○(이)를 축복합니다. ○○(이)가 성공을 마음의 화랑으로 그릴 수 있는 삶이 되게 하옵소서.

장래에 하고 싶은 것, 되고 싶은 것을 마음의 화랑으로 그려낼 수 있는 지혜를 주셔서 인생의 앞날을 준비하며 사는 삶이 되게 하옵소서.

그 마음의 화랑에 그려놓은 것이 지워지거나 퇴색되지 않도록 능력의 주님을 더욱 의뢰하는 삶이 되게 하옵소서.

사랑하는 ○○(이)가 인생을 살면서 그 마음의 화랑에 그려놓은 대로 이루시는 주님의 선하신 손길을 느끼게 하시고, 주님의 크신 은총과 자비가 그 삶 곳곳에 녹아있는 것을 체험하며 사는 삶이 되게 하옵소서.

혹여, 사랑하는 ○○(이)가 마음의 화랑에 그려놓은 대로 이루어지지 않았다고 하여 자신의 인생을 비관하거나 하나님을 원망하는 일이 없게 하시고, 자신이 그린 성공의 그림보다 더 좋은 성공의 그림을 주님이 예비하고 계심을 깨달을 수 있게 하옵소서. 또한 마음의 화랑에 그려놓은 성공의 그림을 완성하기 위하여 성실한 땀의 대가를 치루는 것을 게을리 하지 않는 삶이 되게 하옵소서. 선한 대로, 성실한 대로 아이의 성공을 이루어주시는 주님이심을 믿습니다. 예수님의 이름으로 축복하며 기도합니다. 아멘

실력을 키우게 하소서

> 그러나 너는 배우고 확신한 일에 거하라 …
> 이는 하나님의 사람으로 온전하게 하며
> 모든 선한 일을 행할 능력을 갖추게 함이라(딤후 3:14,17)

능력이신 주님!

우리 ○○(이)를 축복합니다. ○○(이)가 행복하기 위하여 실력을 키울 수 있게 하옵소서. 행복하려면 실력을 키워야 한다는 것을 깨닫게 하시고, 실력 있는 사람이 되기 위하여 꾀와 요령을 부리지 아니하고 성실하게 자신의 일에 최선을 다하는 사람이 되게 하옵소서.

실력이 있어야 인정도 받을 수 있고, 실력이 있어야 성공의 기쁨을 누릴 수 있으며, 실력이 있어야 승리의 기쁨을 누릴 수 있다는 것을 잊지 않게 하옵소서. 그러나 실력 있는 사람도 때때로 실패를 경험하는 수도 있음을 기억하게 하옵소서. 하지만 세상은 보기보다 공정해서 결국 실력 있는 사람이 최종적인 승리를 거둔다는 것을 잊지 않게 하옵소서.

우리 주님도, 게으르고 무능함을 겸손함과 욕심 없음으로 속이며 사는 사람보다는, 충실히 자기계발에 힘쓰며 실력을 키우는 사람을 더 크게 쓰신다는 것을 잊지 말게 하옵소서.

또한 실력 있는 사람이 된 후에는 자기를 낮추어 겸손한 사람이 되게 하시고, 아무리 실력 있는 사람도 교만해지면 행복할 수 없음을 늘 곱씹으며 살게 하옵소서. 우리 ○○(이)가 실력 있는 사람이 되어야 행복해질 수 있음을 명심하게 하옵소서. 예수님의 이름으로 축복하며 기도합니다. 아멘

겸손이 있는 실력을 갖추게 하소서

> 사람아 주께서 선한 것이 무엇임을 네게 보이셨나니
> 여호와께서 네게 구하시는 것은 오직 정의를 행하며
> 인자를 사랑하며 겸손하게 네 하나님과 함께 행하는 것이 아니냐 (미 6:8)

겸손의 본을 보여주신 주님!

우리 ○○(이)를 축복합니다. ○○(이)가 겸손이 있는 실력을 갖추게 하옵소서. 교만이 패망의 선봉이라면 겸손은 성공의 선봉임을 잊지 않게 하옵소서. 물이 높은 곳에서 낮은 곳에서 흐를 때 비로소 큰 힘을 발휘하듯, 실력도 자세를 낮출 때 비로소 사람들에게 인정을 받는다는 것을 잊지 않게 하옵소서.

실력 있는 자의 겸손처럼 훌륭하고 아름다운 것은 없다는 것을 기억하여 겸손하기 위하여 실력을 키우는 사람이 되게 하옵소서. 실력은 높이고 자세는 낮추는 연습을 계속하게 하시고, 성공하기를 원한다면 겸손을 훈련하고 겸손을 연습할 수 있게 하옵소서.

또한 겸손은 실력을 낮추는 것이 아니라 자세를 낮추는 것임을 알게 하시고, 비굴함이나, 용기나, 실력 없음이 아님을 기억하게 하옵소서. 실력 있고 용기가 있는 사람만이 가질 수 있는 최고의 덕 중의 하나가 겸손임을 잊지 않게 하옵소서. 또한 겸손한 사람이 세상을 아름답게 하고 겸손한 사람이 세상과 자기 자신을 행복하게 함을 잊지 않게 하옵소서.

사랑하는 ○○(이)가 겸손이 있는 실력을 갖추게 하옵소서. 예수님의 이름으로 축복하며 기도합니다. 아멘

세월을 아끼게 하소서

> 세월을 아끼라 때가 악하니라
> 그러므로 어리석은 자가 되지 말고
> 오직 주의 뜻이 무엇인가 이해하라(엡 5:16,17)

날을 주신 주님!

우리 ○○(이)를 축복합니다. ○○(이)가 언제나 세월을 아끼는 지혜로운 삶이 되게 하옵소서.

사랑하는 ○○(이)가 세월이 참 빠르다는 것을 늘 깨닫게 하옵소서. 시편기자의 고백대로 세월이 날아가고 있음을 잊지 말게 하옵소서(시90:10). 그러므로 세월을 아끼는 삶을 살아가게 하옵소서. 하나님이 선물로 주신 세월을 허탄한 것을 위하여 낭비하는 어리석음이 없게 하시고, 인생에 주어진 때는 다시 오지 않음을 깨달아, 때에 맞게 열심을 다할 수 있는 삶을 살아가게 하옵소서.

부지런한 삶을 살되 자신의 욕구를 앞세운 삶이 아니라 하나님의 뜻을 앞세운 삶이 되게 하옵소서. 그리하여 먹든지 마시든지 무엇을 하든지 하나님의 영광을 위하여 할 수 있는 삶이 되게 하옵소서(고전10:31).

육신과 영혼이 게으르지 아니함으로 언제나 하나님이 도우시는 형통한 인생이 되게 하시고, 때에 맞는 복되고 아름다운 열매를 풍성히 맺는 삶이 되게 하옵소서.

세월을 아끼는 것이 지혜요, 주님 앞에서 복된 인생을 사는 것임을 잊지 않게 하옵소서.

예수님의 이름으로 축복하며 기도합니다. 아멘

축복을 시인하게 하소서

> 내가 진실로 너희에게 이르노니
> 누구든지 이 산더러 들리어 바다에 던져지라 하며
> 그 말하는 것이 이루어질 줄 믿고 마음에 의심하지 아니하면
> 그대로 되리라(막 11: 23)

복주시기를 기뻐하시는 주님!

우리 ○○(이)를 축복합니다. ○○(이)가 언제나 하나님의 복을 시인하는 삶이 되게 하옵소서. 그리하여 그것을 받아 누리는 삶이 되게 하옵소서. 하나님께서는 당신의 사랑하는 자녀들에게 복을 주시겠다고 약속하셨지만 그래도 그것을 구하여야만 주시겠다는 말씀을 기억하게 하옵소서(겔 36:37). 그러므로 날마다 축복을 선언하게 하여 주옵소서. 날마다 축복을 시인하게 하여 주옵소서.

"전능하신 하나님이 나의 꿈을 붙드신다." "나의 계획을 인도하신다." "나의 목표를 세우신다." "나의 앞길을 지도하신다." "나에게 좋은 것으로 채우신다." "나를 잘 되게 해주신다." 고백하며 선포하게 하여 주옵소서.

하나님이 우리에게 당신의 자녀 된 권세를 주셨고, 후사요 상속자로 삼으셨음을 잊지 않게 하여 주옵소서. 또한 우리의 언어는 하늘 문을 열기도 하고 닫기도 하는 열쇠임을 확신하게 하여 주옵소서. 그러므로 부정적인 언어는 사용하지 않게 하시고, 축복의 언어만 사용하게 하옵소서.

사랑하는 ○○(이)가 날마다의 삶 속에서 연약한 인생에게 필요를 채우시고 공급하시는 주의 놀라우신 은혜를 경험하게 삶이 되게 하실 것을 믿습니다.

예수님의 이름으로 축복하며 기도합니다. 아멘

환경을 다스릴 수 있게 하소서

> 나는 비천에 처할 줄도 알고 풍부에 처할 줄도 알아
> 모든 일 곧 배부름과 배고픔과 풍부와 궁핍에도
> 처할 줄 아는 일체의 비결을 배웠노라
> 내게 능력 주시는 자 안에서 내가 모든 것을 할 수 있느니라(빌 4:12,13)

사랑의 주님!

우리 ○○(이)를 축복합니다. ○○(이)가 환경을 잘 다스려 나가는 사람이 되게 하옵소서. 사랑하는 ○○(이)가 살다 보면 좋은 일도 만나고 그렇지 못한 일도 만나게 될 때도 있을 것입니다. 높아질 때가 있으면 낮아질 때도 있을 것입니다. 건강할 때가 있으면 약해질 때도 있을 것입니다. 부유할 때가 있으면 가난할 때도 있을 것입니다.

사람은 누구나 이런 환경의 영향을 받으며 살아갈 수밖에 없을 터인데, ○○(이)에게 어떤 환경이 주어지든 그 환경을 잘 컨트롤할 수 있는 지혜가 있게 하옵소서.

환경이 열악하다고 하여 시시하게 환경 탓이나, 부모 탓이나, 팔자 탓을 늘어놓는 비관론자가 되지 말게 하시고, 환경이 좋아졌다고 해서 자기의 성공담을 늘어놓으며 거들먹거리는 자가 되지 않게 하옵소서.

그리 좋지 않은 환경 속에서도 삶의 기회를 찾아낼 수 있는 지혜가 있게 하시고, 좋은 환경 속에서도 세월을 아낄 줄 아는 지혜가 있게 하옵소서. 언제나 잘 사는 사람은 삶의 여건에 있는 것이 아니라, 환경을 지배하고 잘 다스릴 줄 아는 지혜와 능력에 있음을 알게 하셔서, 사랑하는 우리 ○○(이)가 환경을 잘 다스려 나갈 수 있게 하옵소서.

예수님의 이름으로 축복하며 기도합니다. 아멘

행복의 가치를 알게 하소서

네가 내 눈에 보배롭고 존귀하며 내가 너를 사랑하였은즉
내가 네 대신 사람들을 내어주며
백성들이 네 생명을 대신하리니(사 43: 4)

복의 근원이신 주님!

우리 ○○(이)를 축복합니다. ○○(이)가 행복의 가치를 알게 하옵소서. 행복은 소유의 가치에 있는 것이 아니라 존재의 가치에 있다는 것을 깨달아 알게 하옵소서.

행복은 얼마나 가치 있는 것들을 많이 소유했느냐에 달려 있는 것이 아니라, 얼마나 가치 있는 존재가 되느냐에 행복이 달려 있음을 깨달아 알게 하옵소서.

그러므로 자기 자신의 존재에 더 많이, 더 깊은 관심을 가지고 투자할 수 있게 하옵소서. 나라고 하는 존재를, 정말 훌륭하고 가치 있는 존재로 만들어 가기 위하여 투자하고 노력하게 하여 주옵소서.

주님! 소유의 가치에 행복을 두는 인생은 그 소유가 사라지면 행복도 사라진다는 것을 역사가 보여주고 있습니다. 그러므로 사랑하는 ○○(이)가 자신 스스로 좋은 사람이 되기 위하여 마음을 쏟을 수 있는 지혜를 갖게 하여 주옵소서.

사람다움에서 행복의 맛이 나오고, 사람다움에서 진정한 아름다움이 나오고, 사람다움에서 다른 사람의 행복에 도움을 줄 수 있는 능력이 나온다는 것을 기억하게 하옵소서. 사랑하는 ○○(이)가 행복을 자기 자신의 존재의 가치에 두게 하실 것을 믿습니다.

예수님의 이름으로 축복하며 기도합니다. 아멘

방황치 말게 하소서

주께서 생명의 길을 내게 보이시리니
주의 앞에는 충만한 기쁨이 있고
주의 오른쪽에는 영원한 즐거움이 있나이다(시 16:11)

품어주시는 주님!

우리 ○○(이)를 축복합니다. ○○(이)가 방황하는 일이 없게 하옵소서. 특히 인생의 가장 중요한 시기에 유혹이 밀려와도 방황하지 않게 하여 주시고, 환난이 닥쳐와도 방황하지 않게 하여 주옵소서. 방황하게 되면 좀 더 값지고 의미있게 살 수 있는 인생을 송두리째 빼앗겨버릴 계기가 될 수 있다는 것을 잊지 않게 하옵소서.

결코 있어서는 안 되겠지만 혹 방황하게 되었을지라도 이내 방황의 고리를 끊지 못하고 끝 간줄 모르고 방황하는 안타까움이 일어나지 않게 하여 주옵소서.

사랑하는 ○○(이)가 자신의 인생에 방황의 유혹을 물리치기 위하여 주님을 늘 가까이 하는 삶이 되게 하시고, 주님의 은혜를 늘 사모하는 심령이 되게 하옵소서. 세상의 유혹을 따라 흔들리는 사람이 아니라 주님의 은혜의 불빛을 따라 이끌려가는 사람이 되게 하옵소서.

매일의 삶 속에서 늘 주님께 드리는 기도가 있게 하시고, 매 순간마다 늘 주님께 올리는 찬송이 있게 하옵소서. 그리하여 주님의 은혜의 지배를 받음으로 자신의 삶을 승리로 이끌어 갈 수 있게 하옵소서.

예수님의 이름으로 축복하며 기도합니다. 아멘

실패를 두려워하지 말게 하소서

> 대저 의인은 일곱 번 넘어질지라도 다시 일어나려니와
> 악인은 재앙으로 말미암아 엎드러지느니라(잠 24:16)

능력의 주님!

우리 ○○(이)를 축복합니다. ○○(이)가 실패를 두려워하지 말게 하옵소서. 실패는 삶 가운데서 누구나 겪게 되는 하나의 과정임을 기억하여 실패를 겁내거나 두려워하지 않게 하옵소서. 실패를 겁내거나 두려워하면 그 무엇도 이루어 낼 수 없음을 기억하여 혹 실패를 경험한다 할지라도 당당히 맞설 수 있는 배짱이 있게 하여 주옵소서.

실패할 것이 두려워 무엇에 도전하기를 망설이지 않게 하시고, 아픔이 주어질 것이 겁이 나 포기를 먼저 생각하는 인생이 되지 않게 하옵소서.

실패할 것이 두려워 무엇을 도전하는 것을 포기하면 발전할 수 있는 기회가 더 이상 주어지지 않음을 잊지 않게 하옵소서. 실패 때문에 아픔이 주어진다 할지라도 도전하게 하시고, 두려움이 밀려와도 도전하게 하옵소서.

도전해야만 아픔과 두려움 속에서도 자신의 인생이 새롭게 변화되는 것을 경험할 수 있음을 잊지 않게 하옵소서.

인생의 진정한 성공자는 실패 없이 살아온 사람이 아니라, 수없는 실패를 딛고 일어서서 계속 도전한 사람임을 믿습니다. 사랑하는 ○○(이)가 실패를 두려워하지 않는 삶이 되게 하옵소서.

예수님의 이름으로 축복하며 기도합니다. 아멘

기도 체크

실패를 다스릴 수 있게 하소서

**대저 의인은 일곱 번 넘어질지라도 다시 일어나려니와
악인은 재앙으로 말미암아 엎드러지느니라(잠 24:16)**

사랑의 주님!

우리 ○○(이)를 축복합니다. ○○(이)가 실패할지라도 다시 일어설 수 있는 사람이 되게 하옵소서.

인생을 살다보면 많은 실패를 경험하게 될 것인데, 그때마다 주저앉거나 좌절하지 않게 하시고, 다시 일어설 수 있는 의지와 용기를 갖게 하옵소서. 많은 실패를 할지라도 그것을 실패로 보지 말게 하시고, 성공을 위한 좋은 경험과 자양분으로 볼 수 있는 시각을 갖게 하옵소서.

과거나 현재나 실패를 경험하지 않고 사는 사람은 한 사람도 없음을 기억하게 하시고, 실패를 딛고 일어선 사람들이 시대를 움직인 사람들이 되었다는 것을 잊지 말게 하옵소서. 성경에 나오는 수많은 믿음의 사람들도 실패를 통해서 주님의 섭리를 깨닫게 되고, 주님을 더 가까이하며, 주님께 쓰임 받는 복 있는 사람이 되었다는 것을 잊지 말게 하옵소서.

실패는 엄청난 고통을 주기도 하지만 자신을 더욱 강하게, 진실하게, 겸손하게 만드는 스승도 됨을 잊지 말게 하옵소서. 사랑하는 ○○(이)가 실패를 잘 다스릴 수 있는 사람이 되어서 주님께 꼭 필요한 사람으로, 시대를 주도해 나가는 사람으로 쓰임 받을 수 있게 하옵소서.

예수님의 이름으로 축복하며 기도합니다. 아멘

하나님이 온전히 주관하소서

**여호와께서 너로 실족지 아니하게 하시며
너를 지키시는 이가 졸지 아니하시리로다(시 121:2)**

주님!
사랑하는 우리 ○○(이)를 위하여 기도합니다.
○○(이)를 축복하여 주옵소서. 그리하여 언제나 주님이 주신 꿈을 꾸며 이루는 삶이 되게 하여 주옵소서.
○○(이)를 가르쳐 주옵소서. 그리하여 언제나 주님의 교양과 훈계로 양육 받는 삶이 되게 하여 주옵소서.
○○(이)를 인도하여 주옵소서. 그리하여 언제나 선한 목자이신 주님의 인도함을 받는 삶이 되게 하여 주옵소서.
○○(이)를 살펴주옵소서. 그리하여 언제나 불꽃같은 주님의 시선이 고정되어 있음을 아는 삶이 되게 하여 주옵소서.
○○(이)를 도와주옵소서. 그리하여 언제나 능력의 주님께서 붙들고 계심을 경험하는 삶이 되게 하여 주옵소서.
○○(이)를 보호하여 주옵소서. 그리하여 언제나 모든 위험에서 건지시는 주님을 느끼는 삶이 되게 하옵소서.
○○(이)에게 은혜를 부어주옵소서. 그리하여 언제나 주님의 은혜가 없이는 살 수 없는 인생임을 피부 깊숙이 깨닫는 삶이 되게 하여 주옵소서.
예수님의 이름으로 축복하며 기도합니다. 아멘

기도
체크

언제나 보살펴 주소서 (생일)

**진실로 생명의 원천이 주께 있사오니
주의 빛 안에서 우리가 빛을 보리이다** (시 36:9)

이끄시는 주님!

우리 ○○(이)를 축복합니다. 다시 아이의 생일을 맞게 하시니 감사합니다. 지금까지 아이가 밝고 건강하게 자랄 수 있게 된 것, 주님의 은혜임을 고백합니다. 앞으로도 눈동자같이 살피시는 주님의 은혜가 함께하실 것을 믿습니다.

늘 그리하셨듯이, 성장하는 단계에 있는 아이의 뼈가 자라고 근육이 튼튼해져 씩씩하게 자랄 수 있도록 지켜주시고 보살펴 주옵소서.

생각과 마음도 건강할 수 있도록 보살펴 주시고, 지혜와 믿음도 성장하여 주님의 사람으로도 굳게 설 수 있도록 이끌어 주옵소서.

주님! 유혹이 범람하는 세상입니다. 그 어떤 유혹이 밀려와도 믿음의 진수를 보여줄 수 있는 아이가 되게 하여 주시고, 불의와 타협치 않는 아이가 되게 하여 주옵소서.

자신만 생각하는 이기적인 아이가 아니라 남을 배려하고, 축복할 줄 아는 아이로 만들어 주옵소서.

사랑하는 ○○(이)가 평생에 주님의 은혜에서 떠나지 않고 주님을 온전히 의지하는 아이가 되게 하실 것을 믿습니다. 생명의 강가에서 뛰놀게 하시고 은혜의 바다에 눕게 하옵소서.

예수님의 이름으로 축복하며 기도합니다. 아멘

축복의 길로 인도하소서 (수능시험)

너는 마음을 다하여
여호와를 신뢰하고 네 명철을 의지하지 말라
너는 범사에 그를 인정하라
그리하면 네 길을 지도하시리라 (잠 3:5,6)

사랑의 주님!

우리 ○○(이)를 축복합니다. ○○(이)를 축복의 길로 인도하옵소서.

우리 아이가 수능시험을 앞두고 있습니다. 지금껏 아이를 잘 키워 주신 주님의 은혜에 감사드립니다. 주님이 양육하신 아이이기에, 선하신 길로 인도하실 것이라는 믿음은 변함이 없습니다. 하지만, 아이가 시험 앞에서 정신적으로, 신앙적으로 약해지지 않을까 다소 걱정스럽습니다. 시험의 결과를 얻기 위하여 최선을 다하는 것도 중요하지만 이런 때일수록, 주님을 더욱 의지하는 것이 중요하다는 것을 잊지 않는 아이가 되게 하여 주옵소서.

시험 준비 때문에 주일을 빼먹는 일 없게 하시고, 예배관이 흔들리지 않도록 도와주시옵소서. 주님께 정직을 심으며 최선을 다하면, 합력하여 선을 이루시는 주님의 손길이 반드시 좋은 길로 인도하실 것을 확신하는 아이가 되게 하여 주옵소서. 아이가 시험 준비할 때도 기도로 시작하고 기도로 마치게 하셔서 주님을 의뢰하는 모습에 틈이 보이지 않게 하옵소서. 아이가 시험 준비로 인하여 밤잠을 자지 못하는 경우가 많을 것입니다. 아이의 건강에 적신호가 오지 않도록 지켜주옵소서. 아이를 축복의 길로 인도하실 것을 믿습니다. 예수님의 이름으로 축복하며 기도합니다. 아멘

기도
체크

지켜주소서 (군복무)

**여호와께서 너로 실족지 않게 하시며
너를 지키시는 이가 졸지 아니하시리로다 (시 121:3)**

보호하시는 주님!

우리 ○○(이)를 축복합니다. ○○(이)가 군에 있습니다.

아이가 처음 훈련소에 입대할 때 품안을 떠나는 아이가 너무 아쉬워 쏟아지는 눈물을 주체할 수 없었는데, 이제는 군복무를 잘하고 있다는 소식을 듣고 있으니 한없이 기쁘고 흐뭇하기만 합니다.

주님! 사랑하는 우리 ○○(이)가 군에 있는 동안, 군인의 의무를 잘 감당할 수 있도록 도와주옵소서. 상사를 존경하고 복종할 수 있게 하여 주시고, 고된 훈련 앞에서도 요령피우지 않게 하여 주옵소서. 단체 생활 속에서 낙오되는 일 없게 하시고, 엉뚱한 생각을 하지 않도록 그 생각을 지켜 주옵소서.

주님! 긴 군대생활 속에서 신앙이 흔들리기 쉽다는 말을 들었습니다. ○○(이)의 신앙을 굳게 붙드셔서 죄짓지 않도록 도와주옵소서. 언제든지 주님이 택하신 백성이라는 사실을 잊지 않게 하시고, 사명받은 자로 군에서도 복음전파의 의무를 잘 감당하게 하옵소서. 군복무를 마칠 때 다시 세상을 향하여 그리스도의 좋은 군사로 파송 받는 아이가 되게 하여 주옵소서. 늘 주님이 ○○(이)의 몸과 영혼을 지키실 것을 믿습니다.

예수님의 이름으로 축복하며 기도합니다. 아멘

그 길을 인도하소서(졸업)

너의 행사를 여호와께 맡기라
그리하면 너의 경영하는 것이 이루어지리라(잠 16:3)

사랑의 주님!

우리 ○○(이)를 축복합니다. ○○(이)가 졸업을 앞두고 있습니다. 학업과 학문에 정진할 수 있었던 것, 주님이 함께하셨기 때문입니다. 지혜가 필요할 때 깨닫게 하신 것, 주님이 도와주셨기 때문입니다. 노력이 필요할 때 강한 육체를 주신 것, 주님이 붙드셨기 때문입니다. 인내가 필요할 때 용기를 주신 것, 주님이 힘주셨기 때문입니다. 모든 영광 주님께 올립니다.

주님! 이제 사랑하는 우리 ○○(이)가 사회에 첫발을 내딛게 되는데, 배운 학문과 쌓은 실력을 의지하기보다 지혜의 근본이신 주님을 신뢰할 수 있는 사람이 되게 하여 주옵소서. 배운 학문과 쌓은 실력에 주님의 지혜가 덮이게 해달라고 주님을 의뢰할 수 있는 사람이 되게 하여 주옵소서.

출세만 하면 된다는 그릇된 가치관에 빠지지 않게 하시고, 무슨 일을 하든지 정직함과 근면한 자세를 잃지 않는 사람이 되게 하옵소서. 자신의 뜻대로 되지 않는다고 하여 불만을 앞세우지 않게 하시고, 원하는 바를 이루지 못한다고 하여 감정을 앞세우지 않게 하옵소서. 해야 할 것과 하지 말아야 할 것을 구분할 수 있는 능력이 있게 하시고, 세상 풍조에 휩쓸리거나 타협하지 않는 신앙의 깊이가 있게 하옵소서. 예수님의 이름으로 축복하며 기도합니다. 아멘

주님만을 의지하게 하소서 (유학)

> 삼가 말씀에 주의하는 자는 좋은 것을 얻나니
> 여호와를 의지하는 자가 복이 있느니라 (잠 16:20)

돌보시는 주님!

우리 ○○(이)를 축복합니다. ○○(이)가 유학중입니다.

낯선 환경과 문화에 잘 적응하고 있는지 부모로서 걱정이 앞섭니다. 고국이 생각나고 부모의 품이 그리워질 때마다, 인자하신 주님이 친히 품어주옵소서.

그곳 언어도 빨리 익혀서 수업을 잘 받을 수 있도록 도와주옵소서. 고립된 대인관계로 인격적 결함이 생기지 않기를 원합니다. 좋은 친구도 만나게 해주셔서 건전한 사귐이 있게 하여 주옵소서.

주님! 단지 학문만을 연마하기 위한 유학생활이 되지 않기를 원합니다. 그곳에서 다양한 경험도 습득하게 하시고, 폭넓은 시야를 갖게 되는 계기가 되게 하여 주옵소서. 그럴리야 없겠지만 나쁜 꾐에 빠지지 않기를 원합니다. 유혹의 손길에 넘어가 악한 길로 접어드는 일 없게 하시고, 유혹이 밀려올 때, 믿음으로 잘 이길 수 있게 하옵소서.

간섭하는 이 없다고 학문에만 마음이 쏠려 주일을 멀리하지 않기를 원합니다. 방만한 신앙생활이 되지 않도록 주님을 늘 가까이 하게 하옵소서. 힘들 때마다 주님께 엎드리게 하시고, 외로울 때마다 찬송하게 하옵소서. 사랑하는 ○○(이)가 주님과의 관계를 놓치지 않는 유학생활이 되게 하옵소서.

예수님의 이름으로 축복하며 기도합니다. 아멘

도와주소서 (취업)

> 대저 사람의 길은 여호와의 눈앞에 있나니
> 그가 그 사람의 모든 길을 평탄하게 하시느니라(잠 5:21)

능력의 주님!

우리 ○○(이)를 축복합니다. ○○(이)의 취업을 도와주옵소서.

취업의 문을 통과하는 것이 어려운 시기입니다. 아이 나름대로 취업의 문을 열심히 두드리고 있지만 만족한 결과를 얻지 못하고 있습니다. 큰 직장 바라는 것도 아닙니다. 단지 전공과 적성에 맞는 직장을 찾고 있는 것뿐입니다.

주님! 도와주옵소서. 청년의 때에 제 할 일을 찾지 못하여 방황하게 된다면 얼마나 안타까운 일입니까? 나름대로 수고의 대가를 얻을 수 있는 길을 열어 주시기 원합니다. 신성한 노동의 축복을 허락하여 주옵소서.

주님! 변변한 직장이 없으니 교회생활에도 어려움을 느끼고 있습니다. 신앙생활에도 틈이 생기는 것 같습니다. 차츰 자신감을 상실하고 있는 것 같고 좌절감에 빠지고 있는 것 같습니다.

주님! 잘할 수 있는 아이입니다. 실력을 발휘할 수 있는 아이입니다. 주님의 영광을 나타낼 수 있는 아이입니다. 주님을 높일 수 있는 아이입니다. 사랑하는 ○○(이)에게 취직의 문을 열어 주옵소서. 건강한 사회생활, 건강한 신앙생활을 할 수 있도록 도와주옵소서.

예수님의 이름으로 축복하며 기도합니다. 아멘

좋은 배우자를 만나게 하소서 (결혼)

**누가 현숙한 여인을 찾아 얻겠느냐
그의 값은 진주보다 더 하니라 (잠 31:10)**

사랑의 주님!

우리 ○○(이)를 축복합니다. ○○(이)가 결혼 적령기가 되었습니다. 그런데 사귀고 있는 사람이 있는지 알 수 없습니다. 때가 찼는데 제 짝을 만나지 못하는 것도 부모인 제게는 큰 짐이 되고 근심으로 자리 잡습니다.

주님! 결혼을 가볍게 여기는 자녀가 되지 않기를 원합니다. 한 가정을 이루는 것도 주님의 뜻임을 깨닫게 하시고 짝을 찾고 만나야 할 시기에 허송세월하지 않는 아이가 되게 하옵소서. 한 가정을 이루어 생육하고 번성하여 주님께 영광 돌릴 수 있다면 이보다 더 큰 축복이 어디 있겠습니까? 함께 기도하고 사랑하며, 선한 일에 힘쓸 수 있다면 이보다 더 큰 은혜가 어디 있겠습니까?

주님! 사랑하는 ○○(이)가 좋은 배필을 만나 주님을 위하여 귀하게 쓰임 받는 일꾼이 되게 하옵소서. 믿음의 가문을 계승하게 하시고, 주님의 몸 된 교회를 위해서도 합당한 청지기로 살게 하옵소서. 이 일을 위하여 무릎 기도가 있는 자녀가 되게 하시고, 준비된 배우자를 만날 수 있도록 길을 열어주옵소서.

예수님의 이름으로 축복하며 기도합니다. 아멘

자녀의 대인관계와
인격적 리더십을 세워주는
축복기도문

축복을 심는 사람이 되게 하소서

> 우리가 축복하는바 축복의 잔은
> 그리스도의 피에 참여함이 아니며
> 우리가 떼는 떡은 그리스도의 몸에 참여함이 아니냐 (고전 10:16)

복의 근원이신 주님!

우리 ○○(이)를 축복합니다. ○○(이)가 언제나 축복을 심는 사람이 되게 하옵소서.

마음이 강퍅한 이에게 사랑의 언어로 축복을 심어줄 수 있게 하시고, 아픔을 당한 이에게 소망의 언어로 축복을 심어줄 수 있는 사람이 되게 하옵소서. 힘들고 지친 이에게 용기의 언어로 축복을 심어줄 수 있게 하시고, 절망으로 탄식하는 이에게 희망의 언어로 축복을 심어 줄 수 있는 사람이 되게 하옵소서.

불평이 가득한 이에게 긍정의 언어로 축복을 심어줄 수 있게 하시고, 분열이 있는 이에게 화해의 언어로 축복을 심어줄 수 있는 사람이 되게 하옵소서. 어려움을 당한 이에게 감사의 언어로 축복을 심어줄 수 있게 하시고, 갈등을 겪는 이에게 확신의 언어로 축복을 심어줄 수 있는 사람이 되게 하옵소서. 질병으로 고통하는 이에게 치료의 언어로 축복을 심어줄 수 있게 하시고, 원치 않는 사고를 당한 이에게 위로의 언어로 축복을 심어줄 수 있는 사람이 되게 하옵소서. 실패한 이에게 꿈과 비전의 언어로 축복을 심어줄 수 있게 하시고, 성공한 자에게 격려의 언어로 축복을 심어줄 수 있는 사람이 되게 하옵소서. 예수님의 이름으로 축복하며 기도합니다. 아멘

덕 있는 사람이 되게 하소서

이같이 너희 빛을 사람 앞에 비치게 하여
그들로 너희 착한 행실을 보고
하늘에 계신 너희 아버지께 영광을 돌리게 하라(마 5:16)

온유하신 주님!

우리 ○○(이)를 축복합니다. ○○(이)가 덕 있는 사람이 되게 하소서.

훌륭한 사람이 되려면 용기도 있고 지혜도 있어야 하겠지만 보다 더 중요한 덕이 있어야 함을 깨닫습니다. ○○(이)가 용기와 지혜 위에 덕을 갖출 수 있는 사람이 되게 하옵소서.

○○(이)가 덕을 갖추어 남을 사랑하고 용서할 수 있는 사람이 되게 하시고, 친절을 베풀고 축복할 수 있는 사람이 되게 하옵소서. 또한 분열과 다툼이 있는 곳에도 화해로서 봉합할 수 있는 사람이 되게 하옵소서.

○○(이)가 덕을 갖춘 사람이 되어 늘 인격을 성장시키게 하여 주시고 주변을 아름답게 변화시킬 수 있는 사람이 되게 하옵소서. 그리고 더 나아가 주님의 아름다운 덕을 선전할 수 있게 하시고, 많은 영혼을 주님께로 돌아오게 할 수 있는 사람이 되게 하옵소서.

사랑하는 ○○(이)가 일생을 살아가는 동안 덕처럼 중요하고 훌륭한 것이 없음을 늘 깨달으며 살게 하실 것을 믿습니다. 착한 행실을 많이 보일 수 있는 덕을 갖춘 사람이 되게 하실 것을 믿습니다.

예수님의 이름으로 축복하며 기도합니다. 아멘

친절한 사람이 되게 하소서

> 하나님이 능히 모든 은혜를 너희에게 넘치게 하시나니
> 이는 너희로 모든 일에 항상 모든 것이 넉넉하여
> 모든 착한 일을 넘치게 하려 하심이라 (고후 9:8)

온유하신 주님!

우리 ○○(이)를 축복합니다. ○○(이)가 친절한 사람이 되게 하여 주옵소서.

친절은 하나님이 인간에게만 주신 독특한 선물임을 믿습니다. 친절을 베푸는 사람은 세상을 행복하게 하는 사람임을 믿습니다. 또한 세상에서 가장 행복한 사람은 남을 행복하게 하는 사람임을 믿습니다.

○○(이)가 친절하여 잔잔한 감동을 더할 수 있는 사람이 되게 하시고, 주변을 행복하게 할 수 있는 사람이 되게 하여 주옵소서.

친절을 베풀 때에 사람을 가리는 일이 없게 하시고, 누구에게라도 친절하여 사람다운 따뜻한 모습을 보여줄 수 있는 사람이 되게 하여 주옵소서.

친절함이 성공과 행복을 위한 매우 중요한 자본임도 알게 하시고, 친절한 사람이 되기 위하여 더욱 노력할 수 있는 사람이 되게 하여 주옵소서.

주님! 사랑하는 ○○(이)가 친절보다 더 좋은 인생의 자산이 없다는 것을 느끼며 살게 하시고, 친절이 ○○(이)에게 최고의 좋은 습관이 되게 하여 주옵소서.

예수님의 이름으로 축복하며 기도합니다. 아멘

정직한 사람이 되게 하소서

> 여호와는 의로우사 의로운 일을 좋아하시나니
> 정직한 자는 그의 얼굴을 뵈오리로다 (시 11:7)

온유하신 주님!

우리 ○○(이)를 축복합니다. ○○(이)가 정직한 사람이 되게 하옵소서.

심지 않은 데서 거두는 것을 기뻐하지 않게 하시고, 꾀부리며 요령껏 사는 것에 마음을 빼앗기지 않게 하옵소서. 손해를 보는 일을 당해도 불의와 타협하는 일이 없게 하시고, 억울한 일을 당해도 진리를 굽게 하는 일이 없게 하옵소서.

'악인들은 풀 같이 자라고 악을 행하는 자들은 다 흥왕할지라도 영원히 멸망한다(시92:7)'고 하였사오니 사랑하는 ○○(이)가 한낱 풀 같은 성공에 미혹되거나 마음이 흔들리는 일이 없게 하옵소서.

정직하게 사는 것이 손해 보는 것 같고 더디 가는 것 같아도 정직한 삶을 좇아가는 것에 마음을 쏟을 수 있게 하옵소서. 그것이 하나님께서 가장 기뻐하시는 방법이며 사람에게 사랑과 존경을 받는 가장 빠른 길임을 잊지 않게 하옵소서.

정직하게 사는 것이 좀 바보 같고 답답해 보여도 '의인은 종려나무 같이 번성하며 레바논의 백향목 같이 성장하게 된다'(시92:12)는 주님의 말씀에 힘을 얻어 정직에 생명을 걸 수 있는 ○○(이)의 삶이 되게 하옵소서.

예수님의 이름으로 축복하며 기도합니다. 아멘

좋은 사람이 되게 하소서

> 바나바는 착한 사람이요 성령과 믿음이 충만한 사람이라
> 이에 큰 무리가 주께 더하여지더라(행 11:24)

은혜로우신 주님!

우리 ○○(이)를 축복합니다. ○○(이)가 좋은 사람이 되게 하옵소서. 오늘 우리가 사는 사회의 관심이 좋은 사람이 아니라 유능한 사람이라 할지라도, 좋은 사람이 되지 못한 상태에서 유능한 사람이 되면 그 유능함은 절대로 개인과 사회에 유익이 되지 못함을 깨닫습니다.

사랑하는 ○○(이)는 똑똑하고 유능한 사람이 되기에 앞서 좋은 사람이 되기에 힘쓰게 하옵소서. 유능한 사람이 되기에 앞서 좋은 사람이 되지 못하면 그 유능함은 자신과 세상을 파괴하는 능력으로 잘못 사용될 수 있다는 것을 잊지 말게 하옵소서.

좋은 사람이 되기 위하여 무엇을 해야 하는지를 깨닫게 하시고, 어떻게 살아야 하는지도 깨달아 알게 하셔서 그것을 실천해 나가는 삶이 되게 하옵소서.

좋은 사람과의 만나고 교제하는 매우 것도 중요함을 깨닫습니다. ○○(이)가 인생을 살면서 좋은 사람을 많이 만날 수 있도록 축복하여 주옵소서.

하나님 앞에서도 재능만을 앞세우는 신앙이 되지 않기를 원합니다. 착하고 좋은 신앙이 되기 위하여 마음을 다할 수 있는 ○○(이)가 되게 하옵소서.

예수님의 이름으로 축복하며 기도합니다. 아멘

섬기는 사람이 되게 하소서

> 인자가 온 것은 섬김을 받으려 함이 아니라
> 도리어 섬기려 하고 자기 목숨을 많은 사람의
> 대속물로 주려 함이라 (막 10:45)

섬김의 본을 보이신 주님!

우리 ○○(이)를 축복합니다. ○○(이)가 주님을 본받아 섬기며 사는 사람이 되게 하옵소서. 주님을 본받아 섬김의 삶을 실천하는 것이 예수님의 흔적을 가지고 사는 것임을 기억하게 하옵소서. 하나님이신 주님이 죄인들을 섬기심으로 영육이 잘되는 구원의 길을 열어주셨듯이, 사랑하는 ○○(이)도 자신의 섬김을 통하여 많은 사람들을 주께로 인도할 수 있는 사람이 되게 하옵소서.

지식이 있으면 지식을 나눌 수 있게 하옵소서. 재물이 있으면 재물을 나눌 수 있게 하옵소서. 시간이 있으면 시간을 나눌 수 있게 하옵소서. 믿음과 소망과 사랑을 나눌 수 있는 ○○(이)의 삶이 되게 하옵소서.

사랑하는 ○○(이)가 인생을 사는 동안 섬기며 사는 삶으로 더욱 충만해질 수 있게 하옵소서. 그리하여 다른 사람들을 부요케 하고 형통케 할 수 있는 축복의 사람이 되게 하옵소서. 섬기는 것이 기쁨이 되고, 섬기는 것이 즐거움이 되고, 섬기는 것이 인생의 행복이 될 수 있는 ○○(이)가 되게 하여 주옵소서. 어느 환경, 어떤 위치에 있든지 온전히 섬기는 삶을 실천함으로 생명까지도 내어주신 주님을 온전히 닮아가게 하옵소서.

예수님의 이름으로 축복하며 기도합니다. 아멘

온유한 사람이 되게 하소서

오직 너 하나님의 사람아 이것들을 피하고
의와 경건과 믿음과 사랑과 인내와 온유를 좇으며(딤전 6:11)

온유하신 주님!

우리 ○○(이)를 축복합니다. ○○(이)가 주님을 본받아 온유한 사람이 되게 하옵소서. 주님께서는 온유하신 자신을 배우라고 말씀하였사오니 ○○(이)가 하나님을 섬기면서 주님의 온유를 배우고 닮아갈 수 있는 사람이 되게 하옵소서(마11:29).

무슨 일을 하든지 어떤 환경에 있든지 온유함을 좇아 행할 수 있게 하시고, 누구를 만나든지 누구와 교제를 하든지 온유한 심령으로 나아갈 수 있는 사람이 되게 하옵소서.

주변의 사람에게서 어떤 범죄한 일이 드러나거든 온유한 마음으로 그를 바로 잡아줄 수 있게 하시고, 자신도 돌아보아 그와 같은 시험에 빠지지 않도록 두려워할 수 있게 하옵소서(갈6:1).

무슨 말을 할 때에도 겸손과 온유로 할 수 있게 하시고, 무슨 말을 듣든지 오래 참음으로 사랑 가운데서 서로 용납하며 들을 수 있게 하옵소서(엡4:2). 그리하여 모세와 같이 온유함이 지면의 모든 사람보다 승하다는 주님의 인정을 받게 하옵소서(민12:3). 온유한 마음으로 사는 것이 성령의 열매를 맺고 하나님이 주시는 땅을 기업으로 얻게 되는 것임을 잊지 않게 하옵소서(마5:5, 갈5:23). 예수님의 이름으로 축복하며 기도합니다. 아멘

칭찬받는 사람이 되게 하소서

사람은 그 지혜대로 칭찬을 받으려니와
마음이 굽은 자는 멸시를 받으리라 (잠 12:8)

사랑의 주님!
우리 ○○(이)를 축복합니다. ○○(이)가 칭찬받는 아이가 되게 하옵소서. 양육하는 부모에게도 칭찬을 들을 수 있는 아이가 되게 하시고, 이웃 어른들에게도 칭찬을 들을 수 있는 아이가 되게 하여 주옵소서.

학교에서 사귀는 친구들에게도 칭찬을 들을 수 있는 아이가 되게 하시고, 가르침을 받는 선생님에게도 칭찬을 듣는 아이가 되게 하여 주옵소서. 또한, 섬기는 교회에서도 칭찬을 들을 수 있는 아이가 되게 하시고, 주님께도 사랑받고 칭찬받는 아이가 되게 하여 주옵소서.

그러나 무조건 칭찬을 받기 위하여 분에 넘치는 욕심을 탐내는 자녀가 되지 않기를 원합니다. 착함과 성실함으로 주어진 것에 최선을 다함으로 복된 칭찬을 아름다운 상으로 받을 수 있는 아이가 되게 하여 주옵소서.

주님! 사랑하는 ○○(이)가 다른 사람을 칭찬할 수 있는 아이가 되기를 원합니다. 다른 사람의 단점을 발견해 내는 데 익숙한 사람이 아니라, 다른 사람의 장점을 찾아내서 아름다운 칭찬을 선물해 주는 데 익숙한 아이가 되게 하옵소서. 칭찬 속에서 주님의 크신 사랑을 발견할 수 있게 하시고, 칭찬 속에서 주님의 크신 은혜를 깨닫는 아이가 되게 하여 주옵소서. 예수님의 이름으로 축복하며 기도합니다. 아멘

공동체에 꼭 필요한 사람이게 하소서

**그를 높이라 그리하면 그가 너를 높이 들리라
만일 그를 품으면 그가 너를 영화롭게 하리라(잠 4:8)**

사랑의 주님!

우리 ○○(이)를 축복합니다. ○○(이)가 공동체에 없어서는 안 될 꼭 필요한 사람으로 쓰임받기를 원합니다.

어디서나 유익한 일에 합당하게 쓰임받기 위하여 자기 관리를 잘 할 수 있는 사람이 되게 하시고, 주어진 일에 성실을 심을 수 있는 사람이 되게 하옵소서.

남보다 앞선 것이 있다고 하여 자만하거나 교만한 모습이 없게 하시고, 겸손한 모습으로 다른 사람의 유익을 먼저 구하며 세워줄 수 있는 사람이 되게 하옵소서.

어느 공동체든지 ○○(이)가 있음으로 인하여 웃음꽃이 만발하게 하여 주시고, 무슨 일을 하든지 우리 ○○(이)가 있음으로 인하여 생기가 더해지는 일들이 넘치게 하옵소서.

자신의 낮아짐을 통하여 공동체의 유익을 줄 수 있다면 그 길을 택할 수 있게 하시고, 자신의 희생을 통하여 공동체에 희망을 줄 수 있다면 그 길을 택할 수 있는 사람이 되게 하옵소서.

이 사회에서 없어서는 안 될 사람으로, 더욱이 주님의 영광을 드러내는 일에는 없어서는 안 될, 꼭 필요한 재목으로 쓰임 받게 하소서.

예수님의 이름으로 축복하며 기도합니다. 아멘

복되고 아름다운 사귐이 있게 하소서

다윗에 대한 요나단의 사랑이 그를 다시 맹세하게 하였으니
이는 자기 생명을 사랑함같이 그를 사랑함이었더라(삼상 20:17)

사랑의 주님!

우리 ○○(이)를 축복합니다. ○○(이)에게 좋은 복된 사귐이 있게 하여 주옵소서.

어려울 때 도와줄 줄 알며, 말 못할 고민이 있을 때 서로의 고민을 들을 줄 아는 복되고 아름다운 사귐이 있게 하여 주옵소서. 서로에 대한 장점은 그 가치를 인정할 줄 알며, 서로에 대한 약점은 보완할 줄 아는 복되고 아름다운 사귐이 있게 하여 주옵소서.

칭찬받을 일이 있을 때 공을 서로에게 돌릴 줄 알며, 자기 자신보다 상대방을 세워줄 줄 아는 복되고 아름다운 사귐이 있게 하여 주옵소서. 건전하고 유익한 대화로 서로에게 유익을 줄 수 있는 사귐이 있게 하여 주시고, 서로의 미래를 위하여 꿈과 비전을 함께 나눌 수 있는 복되고 아름다운 사귐이 있게 하여 주옵소서.

혹여 지나친 경쟁 심리로 서로에게 상처를 주는 일이 없게 하시고, 다윗과 요나단 같이 깊은 우정으로 서로를 감싸 안을 수 있는 복되고 아름다운 사귐이 있게 하여 주옵소서. 서로를 격려할 줄 알며, 서로를 인정할 줄 알며, 서로를 섬길 줄 알며, 서로를 위로할 줄 알며, 서로를 축복할 줄 아는 주님이 보시기에 복되고 아름다운 사귐이 있게 하여 주옵소서.

예수님의 이름으로 축복하며 기도합니다. 아멘

복되고 아름다운 관계가 있게 하소서

**너희 안에서 착한 일을 시작하신 이가
그리스도 예수의 날까지 이루실 줄을 우리가 확신하노라(빌 1:6)**

사랑의 주님!

우리 ○○(이)를 축복합니다. ○○(이)가 복되고 아름다운 관계를 만들어 가는 삶이 되게 하옵소서. 서로에게 정다운 대화로 푸근함을 더해 줄 수 있는 관계를 가질 수 있게 하시고, 정감 있는 염려로 서로의 아픔을 아우를 수 있는 복되고 아름다운 관계를 가질 수 있게 하옵소서.

서로에게 자랑할 것이 있으면 진지함으로 들어줄 수 있는 관계를 가질 수 있게 하시고, 힘들어 하는 것에는 따뜻한 위로로 용기를 심어줄 수 있는 복되고 아름다운 관계를 가질 수 있게 하옵소서.

서로가 하는 일에 대해서는 보람과 긍지를 심어줄 수 있는 관계를 가질 수 있게 하시고, 바라고 소망하는 것에 대해서는 비전을 심어줄 수 있는 복되고 아름다운 관계를 가질 수 있게 하옵소서. 서로가 최선을 다하는 삶의 태도에 대하여는 기도해 주며 격려를 아끼지 않는 관계를 가질 수 있게 하시고, 보잘 것 없는 작은 이룸에도 마음으로 축복해줄 수 있는 복되고 아름다운 관계를 가질 수 있게 하옵소서.

오, 주님! 주님이 기뻐하시는 복되고 아름다운 관계를 가질 수 있게 하옵소서. 그리하여 주님의 성품을 더 가까이 닮아가는 ○○(이)가 되게 하여 주옵소서.

예수님의 이름으로 축복하며 기도합니다. 아멘

겸손하게 하소서

교만이 오면 욕도 오거니와
겸손한 자에게는 지혜가 있느니라(잠 11:2)

겸손한 자를 사랑하시는 주님!

우리 ○○(이)를 축복합니다. ○○(이)가 겸손의 사람이 되게 하옵소서. 다른 사람을 무시하거나 얕잡아보는 거만함으로 사람들에게 상처를 주는 일 없게 하옵소서.

자랑할 것이 있어도 목에 힘주는 일이 없게 하시고, 능력을 갖추었어도 스스로 잘난 척, 스스로 거물인 척 교만을 앞세우는 일이 없게 하옵소서.

자신을 낮추고 다른 사람을 존중할 줄 아는 겸손의 사람이 되게 하옵소서.

혹 억울한 일을 당해도 자신의 결백을 변호하기 위하여 상대방의 단점을 들추어내는 일이 없게 하시고, 오히려 침묵함으로 주님의 겸손을 배워갈 수 있는 복된 계기로 삼게 하옵소서.

자신의 허물을 감추기 위하여 양심을 속이는 일이 없게 하시고, 일부러 겸손하다는 것을 보여주기 위하여 억지 겸손이나, 억지 친절을 보이는 위선된 모습도 없게 하옵소서.

은혜가 풍성하신 주님! 하나님의 자녀로서 주님의 마음과 인격이 ○○(이)의 마음 안에서도 나타나게 하시고, 사람과 주님 앞에서 겸손한 자로서 인정받을 수 있는 아름다운 사람이 되게 하옵소서.

예수님의 이름으로 축복하며 기도합니다. 아멘

안 좋은 기억은 잊게 하소서

> 그런즉 누구든지 그리스도 안에 있으면 새로운 피조물이라 이전 것은 지나갔으니 보라 새 것이 되었도다 (고후 5:17)

모든 것을 십자가에 묻으신 주님!

우리 ○○(이)를 축복합니다. ○○(이)에게 안 좋은 기억들이 있다면 속히 잊을 수 있는 주님의 은혜와 사랑이 있게 하옵소서.

아프고 어두운 기억들이 있을지라도 더듬어 곱씹음으로 미움과 분노로 찌들어 가는 삶이 되지 말게 하시고, 모든 것을 참으셨던 주님의 사랑을 본받아 은혜로 삭일 수 있는 삶이 되게 하옵소서.

미움과 분노가 마음속에 늘 자리 잡고 있으면 또 다른 사람의 마음에 생채기 낼 수 있는 강력한 도구가 될 수 있음을 기억하고, 자신의 마음에 생채기 난 것을 주님의 말씀으로 치유하고 은혜로 삭일 수 있는 삶이 되게 하옵소서.

주님의 은혜로 삭이는 것이 쉽지 않을지라도 그것을 위하여 더 많이 기도하게 하시고 주님을 더 많이 찾게 하셔서 풍성하신 주님의 은혜를 더 많이 경험할 수 있는 복된 계기가 되게 하옵소서.

너무 좋으신 주님! 우리 ○○(이)가 안 좋은 기억들은 다 잊고 주님의 멍에를 메고, 주님의 마음을 읽으며 주님만 따라가는 삶이 되게 하실 것을 믿습니다. 안 좋은 모든 것 다 잊고, 주님께만 온전히 헌신하는 인생이 되게 하실 것을 믿습니다. 예수님의 이름으로 축복하며 기도합니다. 아멘

감정을 다스리게 하소서

> 노하기를 더디하는 것이 사람의 슬기요
> 허물을 용서하는 것이 자기의 영광이니라 (잠 19:11)

오래 참으신 주님!

우리 ○○(이)를 축복합니다. ○○(이)가 감정을 잘 다스릴 수 있는 삶이되게 하여 주옵소서. 자기 자신의 감정을 잘 조절할 수 있게 하여 주셔서 자주 짜증내거나, 조급해하며, 쉽게 분노하고 성내는 일이 없게 하여 주옵소서.

제 뜻대로 되지 않는다고 하여 쉽게 화를 내는 일이 없게 하시고, 비교당하거나 무시당할 때 가벼운 마음으로 넘어갈 수 있는 여유를 주옵소서.

사람들과의 만남에서 자신의 잘못이 노출 되었을 때 신속히 사과할 수 있게 하시고, 다른 사람의 잘못을 보았을 때 넓은 마음으로 용납하고 용서할 수 있는 마음이 되게 하여 주옵소서.

주님께서 모든 죄인을 감싸 안으시고 품어주신 것처럼, 사랑하는 ○○(이)도 모든 것을 감싸 안을 수 있는 넓은 품성을 지닐 수 있게 하여 주옵소서.

미워하는 친구나 이웃도 없게 하시고, 용서를 하지 못하여 두고두고 분노를 곱씹는 사람도 없게 하여 주옵소서.

사람들이 모인 어느 곳에서든지 화가 날 일이 발생하였을 때 분노의 감정을 잘 다스리므로 주님의 형상을 보여줄 수 있는 자녀가 되게 하여 주옵소서.

예수 그리스도의 이름으로 축복하며 기도합니다. 아멘

내려놓을 수 있게 하소서

> 또한 모든 것을 해로 여김은
> 내 주 그리스도 예수를 아는 지식이 가장 고상하기 때문이라
> 내가 그를 위하여 모든 것을 잃어버리고
> 배설물로 여김은 그리스도를 얻고(빌 3:8)

육신을 입으시고 저희를 찾아오신 주님!

○○(이)를 축복합니다. ○○(이)가 내려놓을 줄도 아는 삶이 되게 하옵소서.

친구들과 비교하는 안 좋은 생각이나 습관도 내려놓을 줄 알게 하시고, 지나친 고집이나 자존심도 내려놓을 줄 아는 사람이 되게 하옵소서.

지나친 경쟁심이나 성취욕도 내려놓을 줄 알게 하시고, 좋은 학교, 좋은 학벌에 대한 동경도 내려놓을 줄 아는 사람이 되게 하옵소서.

최고가 되려고 하거나, 성공에 사로잡힌 지나친 욕망도 내려놓을 줄 알게 하시고, 명성을 떨치려고 명예를 얻고자 하는 욕구도 내려놓을 줄 아는 사람이 되게 하옵소서.

더 많이 취하고자 하는 마음도, 더없이 편해지려고 하는 마음도 내려놓을 줄 알게 하시고, 자신을 너무 앞세우거나 자랑하려는 마음도 내려놓을 줄 아는 사람이 되게 하옵소서.

주님! ○○(이)에게 내려놓을 줄 아는 삶이 있으므로 십자가에서 모든 것을 내려놓으신 주님의 형상을 닮아가게 하옵시고, 주님 안에서의 진정한 자유와 평안을 누릴 수 있게 하옵소서.

예수님의 이름으로 축복하며 기도합니다. 아멘

열등의식에 사로잡히지 않게 하소서

> 내게 능력 주시는 자 안에서
> 내가 모든 것을 할 수 있느니라(빌 4:13)

사랑의 주님!

우리 ○○(이)를 축복합니다. ○○(이)를 하나님의 형상대로 지으심을 믿습니다. ○○(이)가 열등의식에 사로잡혀 하나님의 형상을 잃어버리는 일이 없게 하여 주옵소서. 열등감은 교만한 마음이 앞서기 때문이요, 상대방보다 더 우월해지려고 하는 마음이 앞서기 때문임을 깨닫게 하옵소서.

옹졸한 마음에 사로잡히면 주님의 마음을 담아낼 수 있는 인격의 성숙함을 보일 수 없음을 깨닫게 하셔서, 항상 넓고 큰 폭으로 상대방을 이해할 수 있는 아이가 되게 하옵소서.

환경에 따라 자신의 가치를 평가하지 않게 하시고 주님 앞에서 스스로의 가치를 인정하며 당당하게 살아갈 수 있는 아이가 되게 하옵소서. 자신의 존재가 하나님이 보시기에 보배롭고 사랑스러운 존재임을 잊지 않게 하시고, 왕 같은 제사장이요 거룩한 주님의 나라라는 것을 잊지 않게 하옵소서.

세상이 주는 행복보다 주님이 주시는 은혜를 더욱 소중히 여기며 살아가게 하시고, 힘이 되어주시고 능력이 되어 주시는 주님의 은혜를 제한하는 일이 없게 하여 주옵소서.

주님은 분명히 사랑하는 ○○(이)로 하여금 복된 인생을 살게 하실 것을 믿습니다. 하나님의 자녀로 성공적인 삶을 살아갈 수 있도록 이끄실 것을 믿습니다.

예수님의 이름으로 축복하며 기도합니다. 아멘

제한하는 사고방식이 되지 않게 하소서

**사람이 교만하면 낮아지게 되겠고
마음이 겸손하면 영예를 얻으리라**(잠 29:23)

사랑의 주님!

우리 ○○(이)를 축복합니다. ○○(이)가 모든 것을 자기 사고의 틀에 맞춰 제 편의대로 제한하는 일이 없게 하옵소서. 혹 사랑하는 우리 ○○(이)에게 제한하는 어리석음이 있었다면 용서하여 주시고, 편견의 잣대를 거두어 가시고, 균형 잃은 마음의 저울을 바로잡아 주옵소서.

자기 손길이 가지 않은 것을 무시하지 않게 하시고, 자기 생각이 미치지 않은 것을 업신여기지 않는 사람이 되게 하옵소서.

자기 생각의 깊이보다 다른 사람의 생각을 더 깊게 볼 수 있게 하시고, 자기 마음의 넓이보다 다른 사람의 마음을 더 넓게 볼 수 있는 사람이 되게 하옵소서.

자기를 저주하는 사람에게는 오히려 축복할 수 있게 하시고, 자기를 싫어하는 사람도 품어주고 헤아려 줄 수 있는 사람이 되게 하옵소서.

다른 사람의 실수에는 늘 관대하게 하시고, 자신의 실수에는 늘 엄격할 수 있는 사람이 되게 하옵소서. 그리하여 늘 자신에게 엄격하셨던 주님을 닮아가는 삶이 되게 하옵소서. 언제나 ○○(이)와 함께하시기를 원하시는 주님을 만나는 삶이 되게 하여 주옵소서.

예수님의 이름으로 축복하며 기도합니다. 아멘

자신을 볼 수 있게 하소서

> 그러므로 남을 판단하는 사람아,
> 누구를 막론하고 네가 핑계치 못할 것은
> 남을 판단하는 것으로 네가 너를 정죄함이니
> 판단하는 네가 같은 일을 행함이니라 (롬 2:1)

지켜보시는 하나님!

○○(이)를 축복합니다. ○○(이)가 남을 보기 전에 먼저 자신을 볼 줄 아는 삶이 되게 하여 주옵소서.

날카로운 시선으로 항상 남의 잘못을 보는데 예리하지 않게 하옵소서. 남의 눈 속의 티끌을 보기보다 자신속의 들보를 볼 줄 아는 사람이 되게 하옵소서.

남의 범법을 들추어내는데 합세하지 않게 하시고, 그들을 날카롭게 비판하는 일에도 가세하지 않게 하옵소서. 자신도 하나님 앞에서 판단 받을 존재라는 것을 기억하여 그들을 향하여 아픔의 돌멩이를 집어 드는 일이 없게 하옵소서.

주님! 사랑하는 ○○(이)가 늘 자신을 보는데 익숙해지기를 원합니다. 자신은 숨어서 범죄 했던 사실은 없었는지, 불의를 묵인했던 비겁한 모습은 없었는지, 용서하고 이해해주는 사람들 때문에 늘 자신의 잘못에 대해서는 관대했던 것은 아니었는지, 자기를 돌아보며 성찰할 수 있는 사람이 되게 하옵소서.

그러므로 자신이 어떤 존재인지를 늘 깨닫게 하시고, 주님이 보시기에 늘 자신을 새롭게 할 줄 아는 사람이 되게 하여 주옵소서.

예수님의 이름으로 축복하며 기도합니다. 아멘

넓은 마음을 갖게 하소서

> 외식하는 자여 먼저 네 눈 속에서 들보를 빼어라
> 그 후에야 밝히 보고 형제의 눈 속에서 티를 빼리라(마 7:5)

새 힘을 주시는 주님!

우리 ○○(이)를 축복합니다. ○○(이)에게 모든 것을 긍정적으로 볼 수 있는 마음이 있게 하옵소서.

다른 사람의 성장이나 선한 일의 계획을 비뚤어진 시각으로 보거나 깎아내리는 마음이 없게 하시고, 격려하고 축하해 줄 수 있는 마음이 있게 하옵소서.

평소 자신과의 관계가 원만치 않은 사람이나 자신과 다른 입장에 서 있는 사람일수록 더 이해하려고 힘쓰는 넓고 큰마음이 있게 하옵소서.

한 번 과오를 범했던 사람이라고 하여 더 차가운 시선으로, 더 철저한 편견으로 거부하고 판단하는 마음이 없게 하시고, 자신도 동일한 과오를 범할 수 있음을 생각하며 품어 줄 수 있는 넓고 큰마음이 있게 하옵소서.

주님! 사랑하는 ○○(이)에게 넓은 마음보다 옹졸한 마음이 앞선다면, 이것은 스스로 용서하지 않음이며, 스스로 사랑하지 않음이며, 스스로 두려워함이며, 스스로 도피코자 함임을 깨달을 수 있게 하옵소서.

언제나 넓은 마음을 갖게 하셔서 주님의 마음을 담아낼 수 있는 믿음의 사람이 되게 하시고, 주님이 뜻하신 사람으로 존귀하게 쓰임 받을 수 있는 일꾼이 되게 하옵소서.

예수님의 이름으로 축복하며 기도합니다. 아멘

편견의 자가 없게 하소서

**사람의 행위가 자기 보기에는 모두 정직하여도
여호와는 마음을 감찰하시느니라(잠 21:2)**

사랑의 주님!

우리 ○○(이)를 축복합니다. ○○(이)에게 사물을 재는 편견의 자가 없게 하여 주옵소서.

자신이 만든 사물을 재는 자 때문에 남이 그 자로부터 벗어나면 무조건 틀린 것으로 보지 않게 하시고, 무조건 단죄하거나 멸시하지 않게 하여 주옵소서. 또한 남이 이 자에서 벗어날 때 독선의 칼날을 휘두르는 사람이 되게 않게 하여 주옵소서.

주님! 자신이 만든 사물을 재는 자는 그 무지의 눈금이 너무도 크다는 것을 늘 깨닫게 하시고, 자신의 이해관계를 나타내는 그 추가 너무나 기울어 있다는 것도 늘 느끼며 살게 하옵소서.

또한 자신이 만든 사물을 재는 자는 항상 주님의 표준치에서 멀찌감치 빗나가 있다는 것을 깨닫게 하시고, 그 편견의 자를 늘 꺾어버리는 삶이 되게 하여 주옵소서.

주님! 사랑하는 ○○(이)가 주님의 표준자 앞에 바로 설 수 있는 사람이 되게 하여 주옵소서. 그리하여 이 표준자를 통하여 모든 사물을 다시 볼 수 있는 사람이 되게 하시고, 주님께 사랑받는 복 있는 사람이 되게 하여 주옵소서.

○○(이)를 사랑하시는 예수님의 이름으로 축복하며 기도합니다. 아멘

한쪽으로 치우치지 않게 하소서

오직 강하고 극히 담대하여 나의 종 모세가 네게 명령한
그 율법을 다 지켜 행하고 우로나 좌로나 치우치지 말라
그리하면 어디를 가든지 형통하리니 (시 91:14)

사랑의 주님!

우리 ○○(이)를 축복합니다. ○○(이)가 어느 한쪽으로만 치우치지 않는 사람이 되게 하옵소서.

인생의 모든 것이 좌와 우의 양면성을 가지고 있다는 것을 기억하여 내가 생각하고 있는 것만이 바른 것이 아님을 깨달으며 살게 하옵소서.

어떤 진리를 알아가는 데 있어서도, 누구를 사귀는데 있어서도, 한쪽으로 치우치는 일이 없게 하옵소서. 이념과 사상도 한쪽으로 치우치지 않게 하시고, 신앙생활을 하는데 있어서도 한쪽으로만 치우치는 일이 없게 하옵소서.

오른손이 있으면 왼손이 있듯, 오른손잡이가 있으면 왼손잡이가 있다는 것도 이해할 수 있게 하옵소서. 그리하여 오른손만이 바른 손이 아님을 생각하며 살아가게 하옵소서. 쉽지는 안겠지만 자신과 다른 사람을 많이 이해하려고 노력하게 하시고, 인정하려고 노력할 수 있게 하옵소서. 더 나아가 그들에게서 자신의 부족함도 배울 수 있는 마음을 갖게 하옵소서.

사랑하는 ○○(이)가 치우침이 없는 인생의 걸음을 걷게 하셔서 균형이 잘 잡힌 삶이 되게 하옵소서. 그리하여 어디로 가든지 하나님이 인도하시는 형통을 누리는 삶이 되게 하옵소서. 예수님의 이름으로 축복하며 기도합니다. 아멘

티 내지 않는 사람이 되게 하소서

> 누구든지 나를 믿는 이 작은 자 중 하나를 실족하게 하면
> 차라리 연자 맷돌이 그 목에 달려서
> 깊은 바다에 빠뜨려지는 것이 나으니라 (마 18:6)

사랑의 주님!

우리 ○○(이)를 축복합니다. ○○(이)가 티 내지 않는 사람이 되기 위하여 힘쓰는 삶이 되게 하옵소서. 안 좋은 일이 있을지라도 지나칠 정도로 안 좋은 티를 내는 사람이 되지 않게 하옵소서.

잘되는 일이 있을지라도 지나칠 정도로 잘되는 티를 내거나, 안 되는 일이 있을지라도 지나칠 정도로 안 되는 티를 내는 사람이 되지 않게 하옵소서. 성공했을지라도 지나칠 정도로 성공의 티를 내거나, 실패했을지라도 지나칠 정도로 실패한 티를 내는 사람이 되지 않게 하옵소서.

강하게 되었을지라도 지나칠 정도로 강한 티를 내거나, 약하게 되었을지라도 지나칠 정도로 약한 티를 내는 사람이 되지 않게 하옵소서.

선행을 하고 있을지라도 지나칠 정도로 선행의 티를 내거나, 봉사를 하고 있을지라도 지나칠 정도로 봉사의 티를 내는 사람이 되지 않게 하옵소서.

그리하여 ○○(이)가 남들의 의욕을 꺾는 일이 없게 하시고, 상실감을 안겨주는 일이 없게 하옵소서. 자신보다 남들의 형편과 사정에 민감하게 반응할 줄 알며, 헤아릴 줄 아는 예의 있고 근사한 삶을 살아갈 수 있게 하옵소서.

예수님의 이름으로 축복하며 기도합니다. 아멘

잘못을 인정할 줄 알게 하소서

> 만일 우리가 우리 죄를 자백하면
> 그는 미쁘시고 의로우사 우리 죄를 사하시며
> 우리 죄를 사하시며
> 우리를 모든 불의에서 깨끗하게 하실 것이요(요일 1:9)

사랑의 주님!

우리 ○○(이)를 축복합니다. ○○(이)가 자신의 허물과 잘못을 인정할 줄 아는 삶을 살게 하옵소서.

세상에 허물과 잘못이 없어서 아름답고 훌륭한 사람이 과연 얼마나 되겠습니까? 허물과 잘못이 없는 것도 아름답겠지만 허물과 잘못을 인정하고 그것을 아파하는 모습 또한 그에 못지않게 아름답다는 것을 깨닫습니다.

자기의 잘못을 시인할 줄 안다는 것, 부끄러워할 줄 안다는 것, 후회할 줄 안다는 것, 이런 인생을 사는 것 또한 근사한 인생을 사는 것임을 깨닫습니다.

그러므로 사랑하는 ○○(이)가 자신에게 주어진 인생을 살면서 허물과 잘못이 있을 때 그것을 변명하고 가리려고만 하지 않게 하옵소서. 그것이 자신에게 보여 질 때 솔직히 인정하고 부끄러워할 줄 아는 아름답고도 근사한 사람이 되게 하옵소서.

그와 같은 태도가 하나님께서 보시기에도 금보다도 귀한 마음이며, 사람들에게도 무한한 신뢰를 주는 것임을 잊지 않게 하옵소서.

사랑하는 ○○(이)가 자신의 허물과 잘못을 늘 인정할 줄 아는 삶을 살게 하옵소서.

예수님의 이름으로 축복하며 기도합니다. 아멘

잘사는 삶이 되게 하소서

> 우리 주 예수 그리스도의 은혜를 너희가 알거니와
> 부요하신 이로서 너희를 위하여 가난하게 되심은
> 그의 가난함으로 말미암아 너희를 부요하게 하심이라(고후 8:9)

사랑의 주님!

우리 ○○(이)를 축복합니다. ○○(이)가 잘 사는 삶이 되게 하옵소서. 꿈을 가지고 공부하는 것이 단지 자신의 야망만을 이루기 위한 것이 아니라, 남도 잘되도록 하기 위하여 공부할 수 있는 중심이 되게 하옵소서.

권세를 갖고자 하는 것도 단지 자신의 힘을 과시하고자 함이 아니라, 남과도 그 힘을 나누어 갖기 위하여 권세를 좇는 중심이 되게 하옵소서.

부자가 되고자 하는 것도 단지 자신의 배만 불리기 위함이 아니라, 남의 배고픔의 고통을 함께 나누기 위하여 부자 되려는 중심이 되게 하옵소서.

자신의 하는 모든 것들이 남을 이롭게 하는 것이 되게 하시고, 남을 살리는 것이 되게 하시고, 남을 잘 살게 하는 것이 되게 하옵소서.

이것이 진정으로 주님이 바라시는 복되고 깨끗한 삶임을, 주님의 자녀로서 잘사는 삶임을 잊지 않게 하옵소서.

이렇게 산다는 것이 결단코 쉬운 것은 아니지만, 그렇게 어려운 것도 아님을 주님의 말씀을 묵상함으로 깨닫게 하시고, 기도를 통하여 자신감을 얻게 하옵소서.

사랑하는 우리 ○○(이)가 잘 사는 삶이 되게 하옵소서.

예수님의 이름으로 축복하며 기도합니다. 아멘

이런 성품을 지닌 사람이 되게 하소서 (1)

**옳다 인정함을 받는 자는 자기를 칭찬하는 자가 아니요
오직 주께서 칭찬하시는 자니라 (고전 7:7)**

은혜로우신 주님!

우리 ○○(이)를 축복합니다. ○○(이)가 이런 성품을 지닌 사람이 되게 하옵소서.

정의 앞에서 부정을 보이지 않고, 진실 앞에서 위선을 보이지 않는 성품을 지닌 사람이 되게 하옵소서.

정직 앞에서 불의를 보이지 않고, 거짓 앞에서 양심을 속이지 않는 성품을 지닌 사람이 되게 하옵소서.

성공 앞에서 자만함을 보이지 않고, 실패 앞에서 부끄러움을 보이지 않는 성품을 지닌 사람이 되게 하옵소서.

재능 앞에서 오만함을 보이지 않고, 무능 앞에서 비굴함을 보이지 않는 성품을 지닌 사람이 되게 하옵소서.

기쁨 앞에서 방만함 보이지 않고, 슬픔 앞에서 괴롬을 보이지 않는 성품을 지닌 사람이 되게 하옵소서.

열매 앞에서 교만을 보이지 않고, 감사 앞에서 자기 의를 보이지 않는 성품을 지닌 사람이 되게 하옵소서.

결과 앞에서 핑계를 보이지 않고, 영광 앞에서 자랑을 보이지 않는 성품을 지닌 사람이 되게 하옵소서.

주님, 사랑하는 ○○(이)가 이런 성품을 지닌 하나님의 자녀로 살게 하옵소서. 그리하여 하나님을 더욱 높여드리고, 뭇사람들의 사랑과 인정을 받는 복 있는 사람이 되게 하옵소서. 예수님의 이름으로 축복하며 기도합니다. 아멘

이런 성품을 지닌 사람이 되게 하소서(2)

나는 비천에 처할 줄도 알고 풍부에 처할 줄도 알아
모든 일 곧 배부름과 배고픔과 풍부와 궁핍에 처할 줄도 아는
일체의 비결을 배웠노라(빌 4:12)

은혜로우신 주님!

우리 ○○(이)를 축복합니다. ○○(이)가 이런 성품을 지닌 사람이 되게 하옵소서.

의무 앞에서 회피를 보이지 않고, 책임 앞에서 게으름을 보이지 않는 성품을 지닌 사람이 되게 하옵소서.

고난 앞에서 실족함을 보이지 않고, 희생 앞에서 약함을 보이지 않는 성품을 지닌 사람이 되게 하옵소서.

유혹 앞에서 비굴함을 보이지 않고, 비방 앞에서 반격을 보이지 않는 성품을 지닌 사람이 되게 하옵소서.

불의 앞에서 타협을 보이지 않고, 용기 앞에서 망설임을 보이지 않는 성품을 지닌 사람이 되게 하옵소서.

잘못 앞에서 변명을 앞세우지 않고, 과오 앞에서 위장을 보이지 않는 성품을 지닌 사람이 되게 하옵소서.

위험 앞에서 두려움을 보이지 않고, 절망 앞에서 좌절을 보이지 않는 성품을 지닌 사람이 되게 하옵소서.

배신 앞에서 복수를 보이지 않고, 분노 앞에서 원망을 보이지 않는 성품을 지닌 사람이 되게 하옵소서.

주님, 사랑하는 ○○(이)가 이런 하나님의 자녀로 살게 하셔서 어지러운 세상을 치유해 나갈 수 있게 하시고, 주님이 주신 평안과 사랑을 심어가는 사람이 되게 하옵소서.

예수님의 이름으로 축복하며 기도합니다. 아멘

훈계를 잘 받게 하소서

> 훈계 받기를 싫어하는 자는 자기의 영혼을 경히 여김이라
> 견책을 달게 받는 자는 지식을 얻느니라 (잠 15:32)

은혜로우신 주님!

우리 ○○(이)를 축복합니다. ○○(이)가 훈계를 잘 받을 수 있는 아이가 되게 하옵소서. 미련하고 어리석은 자는 훈계를 멸시하고 자기방식대로만 살려고 하는 자임을 기억하여 훈계를 잘 받을 줄 아는 아이가 되게 하옵소서.

훈계하는 사람에게 이유와 변명을 앞세우지 말게 하시고, 불만과 원망을 품는 일도 없게 하옵소서. 어떤 훈계를 받든지 감사함으로 듣게 도와주시고, 자기의 인생에 양약으로 삼을 수 있는 지혜가 있게 하옵소서.

가정에서는 부모의 훈계를 잘 받아들일 수 있는 아이가 되게 하시고, 학교에서는 선생님의 훈계를 잘 받아들일 수 있는 아이가 되게 하옵소서.

사회생활에서는 웃어른의 훈계를 잘 받아들일 수 있는 아이가 되게 하시고, 조직생활에서는 윗사람의 훈계를 잘 받아들일 수 있는 아이가 되게 하옵소서.

또한 주님의 말씀을 잘 경청할 수 있게 하시고, 언제나 주님이 주시는 교훈과 훈계를 사랑할 수 있는 아이가 되게 하옵소서. 훈계를 소중히 여기고 잘 받으며 사랑하는 자를 귀중히 보시고, 영광과 축복의 길로 이끄실 것을 믿습니다.

사랑하는 ○○(이)가 훈계를 잘 받는 아이가 되게 하옵소서. 예수님의 이름으로 축복하며 기도합니다. 아멘

웃으며 살게 하소서

고난 받는 자는 그 날이 다 험악하나
마음이 즐거운 자는 항상 잔치하느니라(잠 15:15)

웃음을 가득히 주시는 주님!

우리 ○○(이)를 축복합니다. ○○(이)가 언제나 웃으며 사는 삶이 되게 하옵소서.

세상을 살아가다 보면 어려운 일들을 많이 만나게 될 것인데, 그와 같은 상황 속에서도 평안을 주시는 주님을 의지하여 웃음 짓고 살 수 있는 용기가 있게 하옵소서.

그 어떤 상황에서든지 웃음을 잃지 않고 기쁨으로 살기를 원하는 자에게 밝은 빛으로 인도하시는 주님의 은혜를 경험하게 하실 것을 믿습니다.

언제나 웃으며 살므로 인생가운데 찾아오는 고난과 시험도 이길 수 있게 하시고, 고통과 슬픔도 물리치는 복된 삶이 되게 하옵소서.

또한 언제나 웃으며 살므로 만나는 모든 사람들에게도 웃음을 줄 수 있는 사람이 되게 하실 것을 믿습니다. 웃으며 살므로 세상을 웃음꽃이 피게 하는 행복바이러스가 되게 하실 것을 믿습니다. 더 나아가 하나님도 웃게 하실 수 있는 믿음의 사람이 되게 하실 것을 믿습니다.

사랑하는 ○○(이)가 언제나 웃으며 사는 삶이됨으로 육신의 건강뿐 아니라, 영혼도 맑아지고 깨끗해지는 복을 받게 하옵소서.

예수님의 이름으로 축복하며 기도합니다. 아멘

책임감이 있는 사람이 되게 하소서

> 우리는 뒤로 물러가 멸망할 자가 아니요
> 오직 영혼을 구원함에 이르는 믿음을 가진 자니라 (히 10:39)

사랑의 주님!

우리 ○○(이)를 축복합니다. ○○(이)가 책임감이 투철한 사람이 되기를 원합니다. 어떠한 일에도 책임감이 반드시 따른다는 것을 기억하여 성실을 심으며 최선을 다할 수 있는 사람이 되게 하옵소서.

키가 자라고 인격이 성숙되면서 책임감의 깊이도 깊어진다는 것을 깨달아, 자기가 한 말과 행동에 대하여 더욱 성숙된 책임감을 보일 수 있는 사람이 되게 하옵소서.

어렵고 힘든 일을 만났을 때 변명하려 하거나 회피하려는 태도가 없게 하시고, 뒷걸음질 치거나 남에게 책임을 전가하는 비겁함도 없게 하옵소서. 책임져야 할 일들은 당당히 책임질 줄 아는 용기를 갖게 하시고, 돈으로도 살 수 없는 정직과 신용을 잃어버리지 않는 삶이 되게 하옵소서.

도저히 홀로 감당하기가 힘들어질 때 다른 사람에게도 도움을 청할 수 있는 겸손함이 있게 하시고, 지치거나 포기하고 싶을 때 능력의 주님을 바라봄으로 새 힘을 공급받을 수 있게 하옵소서.

주님을 온전히 의지하는 인생은 넘어질지라도 아주 넘어지지 않는다는 것을 기억하여 우리 ○○(이)가 자기에게 주어진 책임을 힘 있게 감당해 나갈 수 있는 사람이 되게 하옵소서. 예수님의 이름으로 축복하며 기도합니다. 아멘

품을 수 있는 사람이 되게 하소서

허물을 덮어 주는 자는 사랑을 구하는 자요
그것을 거듭 말하는 자는 친한 벗을 이간하는 자니라(잠 17:9)

인자하신 주님!

우리 ○○(이)를 축복합니다. ○○(이)가 모든 것을 품을 수 있는 사람이 되게 하옵소서. 주어진 인생을 살다보면 다양한 사람들을 만나고 관계를 맺게 될 것인데, 인간관계를 아름답게 가꾸어가는 비결은 상대방을 이해하고 품어주는 것에 있음을 깨닫습니다.

사랑하는 ○○(이)가 상대방이 잘못한 것이 보이고 허물이 보인다 할지라도 그것을 지적하거나 들추어내기에 앞서, 사랑하는 마음으로 품어 줄 수 있는 아량을 가질 수 있게 하옵소서. 자신을 어렵게 하고 힘들게 하는 사람이 있을지라도 그를 미워하거나 증오하지 말게 하시고, 용서하는 마음으로 품어줄 수 있는 아량을 가질 수 있게 하옵소서.

더 나아가 자신을 향하여 저주까지 하고 독설과 욕설을 퍼붓는 사람이 있을지라도 그를 향하여 분노의 핏발을 세우는 일이 없게 하시고, 그 영혼을 불쌍히 여기며 품어줄 수 있는 아량을 가질 수 있게 하옵소서.

상대방에 대하여 날을 세우면 결국은 그 날이 자신의 인생을 찌르는 가시가 된다는 것을 잊지 않게 하옵소서. 도저히 품을 수 없는 상황이 밀려올 때 자신의 허물과 죄를 온몸으로 품으신 예수님을 바라보게 하옵소서.

예수님의 이름으로 축복하며 기도합니다. 아멘

되어주는 사람이 되게 하소서

> 네 생각에는 이 세 사람 중에
> 누가 강도 만난 자의 이웃이 되겠느냐(잠 17:9)

사랑의 주님!

우리 ○○(이)를 축복합니다. ○○(이)가 되어주는 사람으로 살게 하옵소서. 내게 도움을 줄 수 있는 사람이 누구일까를 생각하며 누군가의 도움을 바라면서 사는 사람이기보다 자신이 누구에게 도움을 줄 수 있을까를 생각하며 도움을 주고자 하는 마음으로 사는 사람이 되게 하옵소서.

누군가의 위로를 바라면서 사는 사람이기보다 자신이 누구에게 따뜻한 위로를 줄 수 있을까를 생각하며 위로를 주고자 하는 마음으로 사는 사람이 되게 하옵소서.

내게 유익을 줄 수 있는 사람이 누구일까를 생각하며 누군가의 유익을 구하면서 사는 사람이기보다 자신이 누구에게 유익을 줄 수 있을까를 생각하며 유익을 주고자 하는 마음으로 사는 사람이 되게 하옵소서.

내게 행복을 주는 사람이 누구일까를 생각하며 누군가에게 행복을 구하면서 사는 사람이기보다 자신이 누구에게 행복이 되어줄 수 있을까를 생각하며 행복을 주고자 하는 마음으로 사는 사람이 되게 하옵소서.

사랑하는 ○○(이)가 누군가에게 무엇이 되어주는 삶을 살아감으로 강도 만난 자의 이웃이 되어주기를 원하셨던 주님의 마음을 읽을 줄 아는 사람이 되게 하옵소서.

예수님의 이름으로 축복하며 기도합니다. 아멘

따뜻한 손을 내밀 수 있게 하소서

공의와 인자를 따라 구하는 자는
생명과 공의와 영광을 얻느니라(잠 21:21)

사랑의 주님!

우리 ○○(이)를 축복합니다. ○○(이)가 따뜻한 손을 내밀 수 있는 사람이 되게 하옵소서. 자기보다 못한 사람에게 격려의 손을 내밀 수 있게 하시고, 자기보다 약한 사람에게 잡아줌의 손을 내밀 수 있는 사람이 되게 하옵소서.

어렵고 힘들어 하는 사람에게는 용기의 손을 내밀 수 있게 하시고, 슬픔과 괴로움 속에서 고통하는 사람에게는 위로의 손을 내밀 수 있는 사람이 되게 하옵소서.

걱정이 많고 근심에 쌓인 사람에게는 평안의 손을 내밀 수 있게 하시고, 삶에 지쳐 살아갈 용기를 잃은 사람에게는 희망의 손을 내밀 수 있는 사람이 되게 하옵소서.

병들고 아픈 사람에게는 치유의 손을 내밀 수 있게 하시고, 절망 속에서 산 소망이 끊어진 사람에게는 기적의 손을 내밀 수 있는 사람이 되게 하옵소서.

잘난 체 하며 거만한 사람에게는 겸손의 손을 내밀 수 있게 하시고, 분노의 감정을 다스리지 못해 억울해 하는 사람에게는 평화의 손을 내밀 수 있는 사람이 되게 하옵소서.

선을 행하는 사람에게는 격려의 손을, 성공한 사람에게는 칭찬의 손을, 주님을 모르는 사람에게는 구원의 손을 내밀 수 있는 사람이 되게 하옵소서.

예수님의 이름으로 축복하며 기도합니다. 아멘

그럼에도 삶이 되게 하소서

> 그러나 내가 긍휼을 입은 까닭은
> 예수 그리스도께서 내게 먼저 일체 오래 참으심을 보이사
> 후에 주를 믿어 영생 얻는 자들에게 본이 되게 하심이라 (빌 1:17)

능력의 주님!

우리 ○○(이)를 축복합니다. ○○(이)의 마음을 붙들어 주옵소서. 사람과의 관계 속에서 발생하는 불협화음이 마음을 무겁게 하고 힘들게 할지라도, 먼저 화해의 악수를 청하는 용기 있는 사람이 되게 하옵소서.

자신의 의견과 뜻이 하나도 반영되지 않음으로 서글픈 마음이 든다 할지라도, 대신 상대방의 의견이 빛을 본 것을 인하여 기뻐하며 축하할 수 있는 사람이 되게 하옵소서.

때때로 한계상황에 부딪치는 일들이 있다할지라도 "내게 능력주시는 자 안에서 모든 것을 할 수 있다"는 믿음으로 승리를 놓치지 않는 사람이 되게 하옵소서.

자신이 원하는 만족과 성취가 쉽게 주어지지 않는 삶이 된다 할지라도, 하나님의 자녀로서 다른 이에게 평강을 빌어 줄 수 있는 사람이 되게 하옵소서.

우리 ○○(이)가 설령 원치 않는 방향으로 끌려가는 삶으로 인해 마음이 더욱 힘들어질지라도, 합력하여 선을 이루시는 주님이심을 끝까지 믿고 희망을 놓지 않는 사람이 되게 하옵소서.

예수님의 이름으로 축복하며 기도합니다. 아멘

아름다운 배려심이 있게 하소서

누구든지 자기를 높이는 자는 낮아지고
누구든지 자기를 낮추는 자는 높아지리라(마 23:12)

사랑의 주님!

우리 ○○(이)를 축복합니다. ○○(이)에게 이런 아름다운 모습이 있게 하옵소서.

다른 사람의 지극히 하찮은 것에도 세심한 배려를 아끼지 않으며, 불필요한 대화에도 정감 있는 대화로 응해줄 수 있는 아름다운 배려심이 있게 하옵소서.

다른 사람의 큰 실수에도 넉넉한 관용을 보여주며, 큰 허물도 감싸주고 덮어줄 수 있는 아름다운 배려심이 있게 하옵소서.

다른 사람의 사소한 말에도 진지함으로 귀를 기울이며, 강경한 행동에도 대립하지 않고 존중해 줄 수 있는 아름다운 배려심이 있게 하옵소서.

다른 사람의 거친 행동에도 온유함으로 설득하며, 무시하는 태도에도 푸근함으로 받아줄 수 있는 아름다운 배려심이 있게 하옵소서.

다른 사람이 안고 있는 아픔에도 따뜻한 위로를 아끼지 않으며, 용기와 자신감으로 희망을 심어줄 수 있는 아름다운 배려심이 있게 하옵소서.

이런 아름다운 배려로 주님의 사랑을 나타내는 ○○(이)가 되게 하옵소서.

예수님의 이름으로 축복하며 기도합니다. 아멘

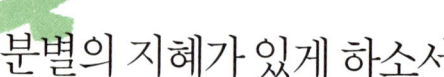

분별의 지혜가 있게 하소서

> 너희로 지극히 선한 것을 분별하며
> 또 진실하여 허물 없이 그리스도의 날까지 이르고(빌 1:10)

사랑의 주님!

우리 ○○(이)를 축복합니다. ○○(이)가 분별의 지혜가 있게 하옵소서.

나쁜 것과 좋은 것을 분별할 줄 알며, 해야 할 것과 하지 말아야 할 것을 분별할 줄 아는 지혜가 있게 하옵소서.

가야 할 곳과 가지 말아야 할 곳을 분별할 줄 알며, 있어야 할 곳과 있지 말아야 할 곳을 분별할 줄 아는 지혜가 있게 하옵소서.

피해야 할 것과 피하지 말아야 할 것을 분별할 줄 알며, 사용할 것과 사용하지 말아야 할 것을 분별할 줄 아는 지혜가 있게 하옵소서.

흉내 낼 것과 흉내 내지 말아야 할 것을 분별할 줄 알며, 본받아야 할 것과 본받지 말아야 할 것을 분별할 줄 아는 지혜가 있게 하옵소서.

양보해야 할 것과 양보하지 말아야 할 것을 분별할 줄 알며, 고집을 피울 것과 사용할 것과 사용하지 말아야 할 것을 분별할 줄 아는 지혜가 있게 하옵소서.

사랑하는 우리 ○○(이)가 이런 지혜로 주님께 영광 돌리며 천국을 이롭게 하는 하나님의 자녀로 살게 하옵소서.

예수님의 이름으로 축복하며 기도합니다. 아멘

남을 생각하는 마음이 있게 하소서

또 이르시되 너희가 무엇을 듣는가 스스로 삼가라
너희의 헤아리는 그 헤아림으로
너희가 헤아림을 받을 것이요 더 받으리니(막 4:24)

사랑의 주님!

우리 ○○(이)를 축복합니다. ○○(이)가 남을 생각할 줄 아는 하나님의 자녀로 성장하게 하옵소서. 육체와 정신이 건강함으로 남을 위하여 자신을 비울 줄 아는 아이로 성장하게 하옵소서.

소유에 집착하는 것이 아닌, 베푸는 것에 익숙해 질 수 있는 아이로 성장하게 하옵소서. 남에게 군림하려는 태도보다 남을 세워주고 높여줄 줄 아는 아이로 성장하게 하옵소서.

강한 자에게는 비굴함을 보이지 않으며, 약한 자에게는 한없는 너그러움을 보일 수 있는 아이로 성장하게 하옵소서.

고집을 피울 줄 알되 지나침이 없게 하시고, 다른 사람의 의견도 존중할 줄 아는 아이로 성장하게 하옵소서.

자신의 말로 남을 설득하기보다, 다른 사람의 말을 경청할 줄 아는 아이로 성장하게 하옵소서.

생각 없는 말로 상처를 심는 사람이 아닌, 위로의 말로 상처를 싸매줄 수 있는 아이로 성장하게 하옵소서.

언제나 말보다 행동이 앞서지 않게 하시며, 말한 것에 대해서는 책임을 질 줄 아는 아이로 성장하게 하옵소서.

자신의 지식과 경험을 너무 과신하기보다 지혜의 근본이신 하나님을 의뢰할 수 있는 아이로 성장하게 하옵소서.

예수님의 이름으로 축복하며 기도합니다. 아멘

기도체크

좋은 교제가 있게 하소서

> 다윗에 대한 요나단의 사랑이 그를 다시 맹세하게 하였으니
> 이는 자기 생명을 사랑함 같이 그를 사랑함이었더라 (삼상 20:17)

사랑의 주님!

우리 ○○(이)를 축복합니다. ○○(이)에게 좋은 교제가 있게 하여 주옵소서. 먼저 ○○(이)가 가장 좋은 친구이신 주님과의 깊은 교제가 있게 하여 주시고, 일생을 다하는 동안 주님과의 깊은 교제가 끊이지 않는 복된 삶이 되게 하여 주옵소서.

또한 학교생활과 사회생활을 하는 동안 좋은 친구를 만나게 하여 주옵소서. 다윗과 요나단 같이 어떤 형편에 처하든지 아름다운 우정이 지속될 수 있는 친구와 교제할 수 있게 하여 주시고, 서로에게 유익을 주며 힘이 될 수 있는 친구와 교제할 수 있게 하여 주옵소서.

주님! ○○(이)가 이왕이면 세상적인 친구보다 믿음의 친구와 교제할 수 있기 원합니다. 악에 물든 친구를 만남으로 세상풍조에 휩싸이지 않게 하시고, 서로의 신앙에 유익이 되며, 신앙적인 도움을 줄 수 있는 친구를 사귈 수 있게 하여 주옵소서. 또한 믿음 안에서 서로의 미래를 위하여 함께 기도해 주며, 서로의 꿈과 비전을 세워줄 수 있는 교제가 있게 하여 주옵소서. 또한 서로에게는 불편한 경쟁상대가 되지 않게 하여 주시고, 서로를 마음껏 축복해 줄 수 있는 좋은 교제가 되게 하여 주옵소서. 예수님의 이름으로 축복하며 기도합니다. 아멘

나쁜 꾐에 빠지지 않게 하소서

*하나님을 따라 의와 진리의 거룩함으로
지으심을 받은 새사람을 입으라(엡 4:24)*

사랑의 주님!

우리 ○○(이)를 축복합니다. ○○(이)가 꾐에 빠지지 않게 하옵소서. 혼탁한 세상에서 옳고 그릇됨을 잘 분별할 수 있는 지혜를 주시고, 달콤한 유혹에 눈길조차 주지 않는 곧은 마음이 있게 하옵소서.

온갖 미혹 앞에서도 이성을 잃지 않게 하시고, 끈질긴 회유와 설득에도 요동치 않는 굳은 의지가 있게 하옵소서.

공감과 협박 앞에서도 결코 흔들림이 없게 하시고, 날마다 괴롭힘을 당한다 할지라도 억지로 발을 담그는 일이 없게 하옵소서.

위협 앞에서도 약해지는 마음이 없게 하시고, 폭력 앞에서도 절대로 굽히지 않는 용기가 있게 하옵소서. 혹 유혹당하는 친구를 보고 모른 척, 지나치는 것이 아니라 잘 설득하여 옳은 데로 인도할 수 있는 의리가 있게 하옵소서.

위험에 처한 친구를 보면 건져낼 수 있는 담대함이 있게 하시고, 어려운 친구를 보면 도와줄 수 있는 사랑이 있게 하옵소서.

사랑하는 ○○(이)가 만나고 사귀는 친구마다 제일 좋은 친구이신 예수님을 소개할 수 있게 하시고, 진리의 빛이신 주님께 인도할 수 있는 사랑의 징검다리가 되게 하소서.

예수님의 이름으로 축복하며 기도합니다. 아멘

다투지 않게 하소서

> 다툼을 멀리하는 것이 사람에게 영광이거늘
> 미련한 자마다 다툼을 일으키느니라 (잠 20:3)

사랑의 주님!

우리 ○○(이)를 축복합니다. ○○(이)가 남과 다투지 않게 하옵소서. 어릴 때는 싸우면서 크는 것이라고 하지만, 무조건 감정적으로 대응하지 않도록 감정을 다스릴 수 있는 지혜를 주옵소서.

화날 때 싸우거나 폭력을 행사하는 것이 결코 바른 방법이 아님을 깨닫게 하옵소서.

참고 인내할 줄 아는 것도 상대를 제압할 수 있는 힘이 됨을 알게 하옵소서.

상대를 유순한 말로 달랠 수 있는 것도 싸우는 것보다 더 큰 능력이 됨을 알게 하옵소서. 져주는 것도 이기는 것보다 더 값진 것임을 알게 하옵소서.

주님! 사랑하는 ○○(이)가 판단력 있는 아이가 되기를 원합니다. 잘못된 행실, 잘못된 습성에 길들여지지 않기를 원합니다. 폭력적인 성격이 만들어지지 않기를 원합니다. 모난 인격으로 성장하지 않기를 원합니다. 주님을 섬기는 자녀답게 사랑하기를 힘쓰고, 괴롭히는 대상을 위하여 기도할 수 있는 ○○(이)가 되게 하옵소서.

예수님의 이름으로 축복하며 기도합니다. 아멘

부모를 공경하게 하소서

네 부모를 공경하라
그리하면 네 하나님 여호와가 네게 준 땅에서
네 생명이 길리라(출 20:12)

사랑의 주님!

우리 ○○(이)를 축복합니다. ○○(이)가 부모를 공경할 줄 자녀로 성장하게 하옵소서.

육신의 부모를 공경하지 못하면서 하나님을 공경한다는 것은 있을 수 없는 일임을 깨닫습니다. 부모가 늙어서 생각이 흐려지고 기력이 쇠하여진다 할지라도, 변함없이 부모를 공경하는 자녀가 되게 하옵소서. 주님께서 말씀하신 대로 부모를 공경함으로 이 땅에서 장수의 복을 받아 누릴 수 있는 자녀가 되게 하옵소서.

주님! 사랑하는 ○○(이)가 부모의 영적 권위도 인정할 줄 아는 자녀가 되게 하옵소서. 어릴 때는 무엇보다도 순종하고 존경하는 법을 배우게 하시고, 청년의 때에는 부모의 부족함을 용납하고 감사하는 마음의 자세를 갖게 하옵소서.

그리고 성인이 되어서는 부모의 영혼을 귀히 여기고, 영혼이 잘되도록 돌보아 드릴 수 있는 아이가 되게 하옵소서. 부모가 살아 있는 동안 백발의 영광이 되는 자녀로 하나님을 기쁘시게 할 수 있는 자녀가 되게 하옵소서.

예수님의 이름으로 축복하며 기도합니다. 아멘

가장 소중한 직업

주님,
자녀들과 함께 보내는 오늘이
나의 날임을 아는 지혜를 주옵소서.
자녀들의 생애에는
중요치 않은 순간이 없음이니이다.
이보다 더 소중한 직업은 없고
이보다 더 큰일도 없으며
이보다 더 시급한 과업이
있을 수 없기 때문입니다.
내가 이 일을 미루지도
소홀히 여기지도 말게 하옵시고
당신의 성령으로
자녀들을 돌보는 일을 기쁘고 즐겁게
받아들이게 하옵소서.
당신의 은혜로
이 시간이 길지 않음을 알게 하시고
바로 지금이 나의 시간임을 깨닫게 하소서.
아이들은 마냥 기다리지만은 않을 테니까요.

— 헬렌 M. 영

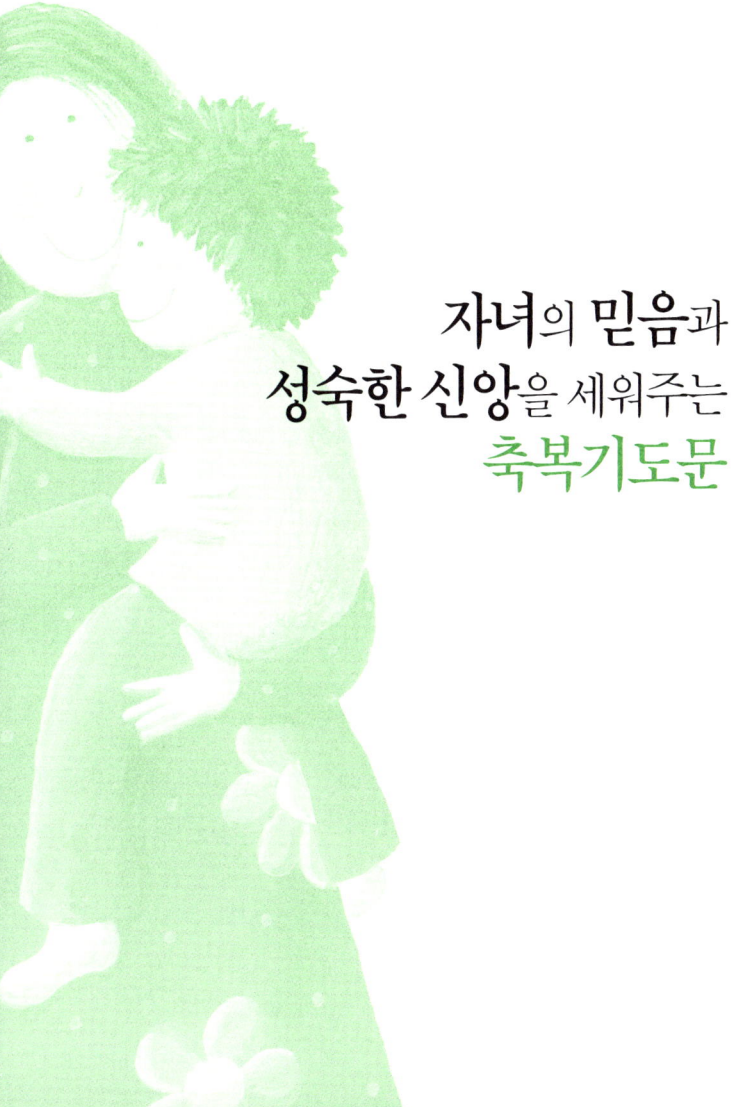

자녀의 믿음과
성숙한 신앙을 세워주는
축복기도문

믿음의 사람으로 성장하게 하소서

> 믿음의 주요 또 온전케 하시는 이인 예수를 바라보자
> 저는 그 앞에 있는 즐거움을 위하여
> 십자가를 참으사 부끄러움을 개의치 아니하시더니
> 하나님 보좌 우편에 앉으셨느니라 (히 12:2)

사랑의 주님!

우리 ○○(이)를 축복합니다. ○○(이)가 믿음의 사람으로 성장하게 하옵소서.

세상의 지식보다, 주님의 말씀을 주야로 묵상할 줄 아는 사람으로 성장하게 하시고, 세상의 노래보다, 주님을 높이는 찬송을 힘 있게 부를 줄 아는 사람으로 성장하게 하옵소서.

세상의 경험을 신뢰하며 앞세우기보다 전적으로 하나님만 신뢰할 줄 아는 사람으로 성장하게 하시고, 모든 영광을 주님께 돌릴 줄 아는 사람으로 성장하게 하옵소서.

우리 ○○(이)가 가까이 하는 것이 주님의 말씀이요, 주님의 몸인 교회가 되게 하시고, 주님께 예배하는 것을 인생의 본분이요, 최고의 가치로 여길 줄 아는 사람으로 성장하게 하옵소서.

부모를 존경하되 하나님처럼 존경할 수 있는 사람이 되게 하시고, 부모의 말씀을 하나님 말씀처럼 여길 줄 아는 사람으로 성장하게 하옵소서.

언제나 주님이 보시기에 사랑스러운 사람이 되게 하시고, 주님이 두고 보고 또 두고 보시기에도 전혀 아깝지 않은 사람으로 성장하게 하옵소서.

예수님의 이름으로 축복하며 기도합니다. 아멘

견고한 신앙을 갖게 하소서

> 그러므로 내 사랑하는 형제들아 견실하며 흔들리지 말고
> 항상 주의 일에 더욱 힘쓰는 자들이 되라
> 이는 너희 수고가 주 안에서 헛되지 않은 줄 앎이라(고전 15:58)

사랑의 주님!

우리 ○○(이)를 축복합니다. ○○(이)가 견고한 신앙을 가진 사람이 되게 하옵소서.

하나님이 싫어하시는 죄를 멀리할 수 있게 하시고, 부지중에라도 죄를 지으면 즉시 주님 앞에 회개할 수 있는 사람이 되게 하옵소서. 복의 근원이신 하나님께 항상 복을 구할 수 있게 하시고, 받은 복을 함께 나눌 수 있는 사람이 되게 하옵소서.

자신의 뜻보다 늘 주님의 뜻 행하기를 즐거워할 수 있게 하시고, 자신을 자랑하기보다 늘 주님을 자랑할 수 있는 사람이 되게 하옵소서. 생활 속에서 언제나 도우시는 구원의 하나님을 만나며, 언제나 함께하시는 능력의 하나님을 경험하는 사람이 되게 하옵소서.

변함없이 성전에 거하기를 기뻐하게 하시고, 주님을 인하여 언제나 기뻐하며 즐거워할 수 있는 사람이 되게 하옵소서. 주님을 섬기듯 이웃을 섬기는 모습이 있게 하시고, 자신을 귀히 여기듯 남도 귀하게 여길 줄 아는 사람이 되게 하옵소서.

자신의 약함을 보며 늘 성령 충만을 사모하게 하시고, 성령의 아홉 가지 열매를 맺을 수 있는 사람이 되게 하옵소서.

예수님의 이름으로 축복하며 기도합니다. 아멘

은혜를 고백하는 삶이 되게 하소서

여러 가지 다른 교훈에 끌리지 말라
마음은 은혜로써 굳게 함이 아름답고…(히 13:9)

사랑의 주님!

우리 ○○(이)를 축복합니다. ○○(이)가 언제나 변함없이 주님의 은혜를 고백하는 삶이 되게 하옵소서.

바라고 소원하는 것을 이루었을 때나 또는 이루지 못한 아픔을 있을 때에도 언제나 변함없이 주님의 은혜를 고백할 수 있게 하시고, 주님을 높이는 삶이 되게 하옵소서.

육체가 건강할 때나 또는 원치 않는 질병이 찾아왔을 때에도 언제나 변함없이 주님의 은혜를 고백할 수 있게 하시고, 주님만을 앙망하는 삶이 되게 하옵소서.

물질적인 여유가 있을 때나 또는 물질적인 어려움을 당할 때에도 언제나 변함없이 주님의 은혜를 고백할 수 있게 하시고, 주님 한 분만으로 만족할 수 있는 삶이 되게 하옵소서.

감격스럽고 기쁜 일들이 끊이지 않을 때에나, 또는 걱정과 슬픔의 눈물이 마르지 않을 때에도 변함없이 주님의 은혜를 고백할 수 있게 하시고, 주님만을 찬송할 수 있는 삶이 되게 하옵소서.

주님! 사랑하는 ○○(이)가 자신의 인생에 그 어떤 환경이 주어지든지 변함없이 주님의 은혜를 고백할 수 있게 하시고, 한결 같이 주님의 은혜 안에 살고 있음을 나타내는 삶이 되게 하옵소서.

예수님의 이름으로 축복하며 기도합니다. 아멘

신앙을 앞세우는 삶이 되게 하소서

주 앞에서 낮추라
그리하면 주께서 너희를 높이시리라(약 4:2)

믿음의 주님!

우리 ○○(이)를 축복합니다. ○○(이)가 항상 신앙을 앞세우는 삶이 되게 하옵소서.

심판의 불을 두려워하고 지옥을 두려워하며, 영적인 갈망으로 영원한 생명을 열망하며, 매일 죽음의 가능성을 인정하고 사는 삶이 되게 하옵소서.

끊임없이 자신의 행동을 살피고, 하나님이 어디서나 자신을 지켜보고 계심을 기억하며, 주님의 이름을 불러 마음에 일어나는 악한 생각을 쫓아내는 삶이 되게 하옵소서.

혀를 지켜 사악한 말을 하지 않으며, 많은 말을 피하고 허튼 이야기를 하지 않으며, 똑똑해 보이려고 일부러 티내지 않는 삶이 되게 하옵소서.

자주 기도하고, 죄에 대해 용서를 구하며, 자신의 생활에 고칠 방법을 찾으며, 모든 일에 지도자를 따르며 사는 삶이 되게 하옵소서.

우리 ○○(이)가 거룩해 보이기보다는 거룩해지는 것을 구하고, 선한 일로써 주님의 계명을 완성하며, 마음과 혀에는 늘 주님의 사랑과 말씀을 담아낼 수 있는 삶이 되게 하옵소서.

예수님의 이름으로 축복하며 기도합니다. 아멘

평안의 삶이 되게 하소서

> 너희는 마음에 근심하지 말라
> 하나님을 믿으니 또 나를 믿으라(요 14:1)

평안을 주시는 주님!

우리 ○○(이)를 축복합니다. ○○(이)가 주님이 채우시는 평안의 삶이 되게 하옵소서. 수없이 변하는 것이 저희가 처한 환경이기에 그 가운데서 행복을 누리며 살려면 평안이 절대적으로 필요함을 깨닫습니다. 그러나 평안은 세상에서는 볼 수도 없고 얻을 수 없는 주님만이 주시는 것임을 믿습니다(요14:27).

사랑하는 ○○(이)가 변화무쌍한 환경 가운데서 주님이 채우시는 진정한 평안을 누리기 위하여 언제나 주님을 의뢰하는 삶이 되게 하시고, 주님의 말씀을 묵상하며 지켜 행하는 삶이 되게 하옵소서. 육신의 생각은 사망이요 영의 생각은 생명과 평안임을 한시도 잊지 않게 하옵소서(롬8:6).

주님을 의뢰함으로 아침에 일어날 때도 주님이 주시는 평안을 느낄 수 있게 하시고, 저녁에 잠자리에 들 때도 주님의 평안을 느끼며 안식을 취할 수 있는 삶이 되게 하옵소서.

무슨 일을 하든지 주님이 주시는 평안의 복이 동반되게 하시고, 무슨 일을 만나든지 주님이 주시는 평안으로 인하여 감사하는 삶이 되게 하옵소서. 범사에 주님을 힘입어 평안을 빼앗기지 않는 삶이 되도록 ○○(이)의 삶을 평안의 매는 줄로 굳게 매주실 것을 믿습니다(엡4:3). 예수님의 이름으로 축복하며 기도합니다. 아멘

보다 나은 삶으로 인도하소서

아침에 나로 하여금 주의 인자한 말을 듣게 하소서
내가 주를 의뢰함이니이다 내가 다닐 길을 알게 하소서
내가 내 영혼을 주께 드림이니이다(시 143:8)

평안을 주시는 주님!

우리 ○○(이)를 축복합니다. ○○(이)를 보다 나은 삶으로 인도하옵소서. 하루가 다르게 급속도로 변해가고 있는 세상을 보며 참으로 무섭다는 느낌마저 갖게 하고 있습니다. 면학 분위기가 좋고 훌륭한 교육을 받고 있다고 해서, 또는 물질적인 뒷받침이 잘 되고 있다고 해서 아이의 미래가 보장되는 것이 아님을 깨닫습니다.

주님! 당신께 모든 것을 맡깁니다. 아이의 현재와 미래를 붙들어 주옵소서. 아이의 현재와 미래가 주님의 뜻에 달려 있음을 깨닫습니다. 사랑의 주께서, 능력의 주께서 아이의 삶을 안전한 삶으로 인도하여 주옵소서.

아이가 부모의 손길 외에 또 다른 손길이 자신을 붙들고 있음을 느끼며 사는 삶이 되게 하옵소서. 아이의 인생을 주관하시고 책임지실 분은 주님밖에 없음을 아이로 하여금 경험되어지게 하여 주옵소서. 그리하여 언제나 인생에 대한 모든 것들을 주님께 의뢰하고 의탁하는 아이의 삶이 되게 하여 주옵소서.

주님만을 더욱 사랑하게 하시고, 사모할 수 있는 아이가 되게 하옵소서. 사랑하는 ○○(이)의 삶을 보다 나은 삶으로 이끄실 믿습니다.

예수님의 이름으로 축복하며 기도합니다. 아멘

믿음의 진검승부를 벌이게 하소서

믿음은 바라는 것들의 실상이요 보이지 않는 것들의 증거니
선진들이 이로써 증거를 얻었느니라(히 11:1,2)

믿음의 주님!

우리 ○○(이)를 축복합니다. ○○(이)가 어린 믿음이지만 자신 앞에 다가오는 모든 문제를 믿음으로 풀어가는 사람이 되게 하옵소서. 결코 만만치 않은 세상을 뚫고 나갈 수 있는 힘이 믿음에 있음을 알게 하셔서, 어떤 일을 만나든지 믿음의 진검승부를 벌일 수 있는 사람이 되게 하옵소서.

사람을 의지하거나 배경을 의지하는 것은 가장 어리석은 행동임을 성경이 말씀하고 있사오니, 조금 답답해 보이고 더디게 보일지라도 주님을 굳게 의지하는 믿음의 사람이 되게 하옵소서(시146:3).

주님을 굳게 의지하는 자, 세상을 이겨갈 수 있는 힘을 위로부터 공급하여 주실 줄 믿습니다. 어둠과 괴롬을 물리칠 수 있는 권세를 주실 줄 믿습니다. 한숨과 고통을 한순간에 쓸어버릴 수 있는 능력을 공급하여 주실 줄 믿습니다. 막히고 닫힌 것들이 한순간에 열려지는 역사가 있게 하실 것을 믿습니다.

우리 ○○(이)가 어떤 상황 속에서도 주님을 의지함으로 믿음의 진검승부를 벌일 수 있게 하옵소서. 눈물의 강이 앞을 가로막는다 할지라도 기쁨으로 단을 거두게 하실 성실하신 주님을 바라보며 믿음으로 힘 있게 달려갈 수 있게 하옵소서. 예수님의 이름으로 축복하며 기도합니다. 아멘

담대한 사람이 되게 하소서

의를 위하여 박해를 받는 자는 복이 있나니
천국이 그들의 것임이라 (마 5:10)

믿음의 주님!

우리 ○○(이)를 축복합니다. ○○(이)가 주님을 의지함으로 담대한 사람이 되게 하옵소서.

"무릇 주님 안에서 경건하게 살고자 하는 자는 핍박을 받게 된다(딤후 3:12)"고 말씀하였사오니 불이익을 당하거나 핍박을 받는 것을 두려워하지 않는 사람이 되게 하옵소서.

어떤 이유로든 한번 타협의 틈을 보이기 시작하면 그 틈으로 사단이 비집고 들어와서 믿음이 일순간에 무너질 수도 있다는 것을 기억하여 틈을 보이지 않는 담대한 사람이 되게 하옵소서.

시편기자처럼 불이익을 주는 자나 핍박하는 자를 위하여 기도할 수 있게 하옵소서. 그들도 죄 사함 받고 구원받아야 할 불쌍한 영혼임을 잊지 말게 하옵소서.

주님을 의지함으로 낙심치 아니하고 담대하게 나아가는 ○○(이)에게 핍박이 변하여 칭찬과 존경을 받게 하실 것을 믿습니다. 고통이 변하여 즐거움이 되게 하실 것을 믿습니다. 우리 주님이 늘 ○○(이)에게 새 힘을 불어넣어 주시고, 새 능력을 공급하여 주옵소서.

예수님의 이름으로 축복하며 기도합니다. 아멘

시험과 환난을 인내하게 하소서

시험을 참는 자는 복이 있나니
이는 시련을 견디어 낸 자가 주께서 자기를 사랑하는 자들에게
약속하신 생명의 면류관 얻을 것이기 때문이라(약 1:12)

믿음의 주님!

우리 ○○(이)를 축복합니다. ○○(이)가 시험과 환난이 찾아왔을 때 주님을 의지함으로 인내할 수 있는 사람이 되게 하옵소서.

시험과 환난 앞에서 겁내거나 피하지 말게 하시고, 주눅 들거나 두려워 떨지 말게 하옵소서.

불같은 시험이라 할지라도 주님이 허락하신 시험이라면 참고 견디는 불같은 믿음을 주실 것을 믿습니다.

폭풍과도 같은 환난이라 할지라도 주님이 허락하신 환난이라면 능히 맞서 싸울 수 있는 용기를 주실 것을 믿습니다.

사랑하는 ○○(이)가 오직 주님의 뜻대로 이루어지기를 간절히 소망하며, 욥과 같이 끝까지 인내하며 잘 견딜 수 있는 믿음의 사람이 되게 하옵소서.

사랑하는 ○○(이)가 시험과 환난을 통하여 주님께 단련을 받은 후에 정금 같은 신앙과 믿음으로 나아가게 하실 것을 믿습니다.

더욱 성숙된 믿음으로 주님을 기쁘시게 할 수 있는 축복의 사람이 되게 하실 것을 믿습니다.

예수님의 이름으로 축복하며 기도합니다. 아멘

영혼을 안위하소서

**나를 기가 막힐 웅덩이와 수렁에서 끌어 올리시고
내 발을 반석 위에 두사 내 걸음을 견고케 하셨도다(시 40:2)**

상한 심령을 어루만지시는 주님!

우리 ○○(이)를 축복합니다. ○○(이)의 영혼을 안위하옵소서. 사랑하는 ○○(이)가 빛 되신 주님을 찾아 주님 품안으로 뛰어 들 때 아이의 영혼을 감싸 안으시고 위로하여 주옵소서.

염려 속에서 평화를 얻고자 소망할 때, 슬픔 속에서 기쁨을 얻기를 소망할 때, 의심 속에서 확신을 얻기를 소망할 때, 주님의 은혜를 갈망하는 아이의 영혼을 감싸 안으시고 축복하여 주옵소서.

오직 주님께 피하는 자 기쁨을 체험하며, 주님의 보호하심으로 인하여 안전한 삶이 되게 하실 줄 믿습니다. 험한 풍파와 혹심한 세상 고통에 흔들릴지라도 주님께 피하는 자 심지가 견고해 질 수 있도록 도우실 것을 믿습니다.

항상 주님의 그 사랑과 자비의 손길 안에서 아이의 영혼이 쉼을 얻게 하시고, 그 영혼의 빈 잔이 채워지게 하옵소서. 괴롬의 그늘에서도 주님의 보호로 인하여 즐거워하는 삶이 되게 하여 주옵소서.

고통에 처한 자리에서도 함께 하시는 주님을 인하여 감사를 찾을 수 있게 하시고, 늘 거기에 계시는 주님을 인하여 찬양하는 삶이 되게 하여 주옵소서.

예수님의 이름으로 축복하며 기도합니다. 아멘

용서의 사람이 되게 하소서

> 너희가 사람의 잘못을 용서하면
> 너희 하늘 아버지께서도 너희 잘못을 용서하시려니와
> 너희가 사람의 잘못을 용서하지 아니하면
> 너희 아버지께서도 너희 잘못을 용서하지 아니하시리라 (마 6:14,15)

용서의 주님!

우리 ○○(이)를 축복합니다. ○○(이)가 용서할 수 있는 사람이 되게 하옵소서.

자신에게 상처와 아픔을 준 사람이 있다면 그를 용서할 수 있는 힘을 가진 사람이 되게 하옵소서. 힘들지라도 그렇게 하는 것이 십자가로 용서의 극치를 보여주신 예수님을 닮아가는 길임을 잊지 말게 하옵소서.

원수 갚는 것이나 심판하는 것은 주님이 하시는 것임을 기억하고 다만 그 영혼을 긍휼이 여길 수 있는 마음을 갖게 하옵소서.

자기 자신도 누군가에게 용서받을 존재임을 기억하며 살게 하시고, 도무지 삭혀지지 않는 아픔과 충격이 있을지라도 그 사람을 용서해야 내 마음이 자유함을 누릴 수 있음을 깨닫게 하옵소서. 그 사람을 용서하지 않으면 주님도 우리 잘못을 용서하지 않음을 잊지 않게 하옵소서.

주님이 기뻐하시지 않는 사단의 힘에 조종당하지 않도록 늘 깨어 기도할 수 있게 하시고, 우리 주님도 매순간마다 하늘보좌 우편에서 ○○(이)의 연약함을 위하여 중보의 기도를 쉬지 않고 계심을 잊지 않게 하옵소서.

예수님의 이름으로 축복하며 기도합니다. 아멘

이런 눈물을 흘리게 하소서

눈물을 흘리며 씨를 뿌리는 자는 기쁨으로 거두리로다
울며 씨를 뿌리러 나가는 자는
정녕 기쁨으로 그 단을 가지고 돌아오리로다(시 126:5,6)

자비로우신 주님!

우리 ○○(이)를 축복합니다. ○○(이)의 인생에 눈물 흘리고 싶을 때를 기억하옵소서. 나태한 자들이 흘리는 고통의 눈물을 흘리지 않게 하시고, 오래 하면 병들게 되는 자기연민의 눈물도 흘리지 않게 하옵소서.

주님이 주신 삶을 살면서 남의 마음을 힘들게 하는 원망의 눈물도 흘리지 않게 하시고, 남의 마음을 서늘하게 하는 오기의 눈물도 흘리지 않게 하옵소서.

사탄이 춤을 추는 낙심의 눈물도 흘리지 않게 하시고, 마귀들이 자주 흉내 내는 가식과 연극의 눈물도 흘리지 않게 하옵소서.

주님! 사랑하는 ○○(이)가 주님의 마음을 녹일 수 있는 진정한 회개의 눈물만 흘릴 수 있게 하시고, 불같은 믿음을 낳는 결심의 눈물만 흘릴 수 있게 하옵소서.

또한, 흘리면 흘릴수록 마음이 넓어지는 감사의 눈물이 있게 하시고, 드리면 드릴수록 행복해지는 타인을 위한 간구의 눈물을 흘릴 수 있게 하옵소서. 그리고 인간의 죄악 해결을 위하여 온 몸으로 우신 주님의 희생의 눈물을 본받는 삶이 되게 하옵소서.

예수님의 이름으로 축복하며 기도합니다. 아멘

성결의 사람이 되게 하소서

하나님을 가까이 하라 그리하면 너희를 가까이 하시리라
죄인들아 손을 깨끗이 하라
두 마음을 품은 자들아 마음을 성결하게 하라(약 4:8)

성결하신 주님!

우리 ○○(이)를 축복합니다. ○○(이)가 순결한 사람이 되게 하옵소서. 인간은 하나님의 형상대로 지음을 받은 존재이기 때문에 그분의 성결함을 닮아가야 하는 존재임을 잊지 않게 하옵소서. 주변에 온갖 것들이 말초신경을 자극하고 부도덕함을 보인다 할지라도 그것에 동화되거나 미혹되는 일이 없게 하여 주옵소서. 무릇 지킬 만한 것보다 마음을 잘 지키는 것이 하나님의 사랑을 받고 범사가 잘 되는 길임을 잊지 않게 하옵소서(잠4:23).

사랑하는 ○○(이)가 성결의 삶을 살아가기 위하여 언제나 하나님을 가까이 할 수 있는 삶이되기를 원합니다.

하나님께 예배하는 생활을 가벼이 여기지 않게 하시고, 자신의 죄를 걸러낼 수 있는 기도생활도 가벼이 여기지 않게 하옵소서. 주님의 말씀을 주야로 묵상할 수 있게 하시고, 말씀 속에서 항상 주님의 음성을 들을 수 있는 삶이 되게 하옵소서.

유혹이 많고, 온갖 죄악이 많은 세상이지만 사랑하는 ○○(이)는 성결한 삶을 살아감으로 하나님의 자녀의 권세를 잃지 않고 하나님과 동행하며 사는 축복의 삶이 되게 하옵소서. 예수님의 이름으로 축복하며 기도합니다. 아멘

거룩함을 따르게 하소서

> 너희 육신이 연약하므로 내가 사람의 예대로 말하노니 전에 너희가 너희 지체를 부정과 불법에 내어주어 불법에 이른 것 같이 이제는 너희 지체를 의에게 종으로 내주어 거룩함에 이르라 (롬 6:19)

내가 거룩하니 너희도 거룩하라고 하신 주님!

우리 ○○(이)를 축복합니다. ○○(이)가 거룩함을 좇아가는 삶이 되게 하옵소서.

거룩함을 좇아 사는 것은 예수님을 믿는 사람이라면 누구나 반드시 실천해야할 삶의 방향임을 잊지 않게 하옵소서. 거룩함을 좇아 사는 것이 어렵고 힘들지라도, 그것이 주님을 기쁘시게 하는 최상의 삶의 태도임을 잊지 않게 하옵소서. 또한 거룩함을 좇아 사는 것이 주님의 자녀로서 승리하는 삶이요, 성공하는 삶임을 잊지 않게 하옵소서.

사랑하는 ○○(이)가 어느 곳에서 무엇을 하든지 거룩한 삶으로 나아가는 모습이 되게 하옵소서.

주님의 자녀로서 거룩함을 좇을 수 없는 자리라면 주님께 맡기고 그 자리를 피할 수 있게 하시고, 도무지 함께 나눌 수 없는 대화가 오고가는 자리라면 주님께 맡기고 그 자리를 피할 수 있게 하옵소서.

사랑하는 ○○(이)가 거룩함을 의식하며 항상 실천하려고 하는 의지가 자신의 인생에 더 없는 기쁨이 되게 하시고, 자신이 거룩한 삶의 방향으로 한걸음씩 나아가는 것이 세상의 그 무엇과도 바꿀 수 없는 귀중한 보물이 되게 하옵소서.

예수님의 이름으로 축복하며 기도합니다. 아멘

진실한 고백이 있게 하소서

**여호와는 마음이 상한 자를 가까이 하시고
충심으로 통회하는 자를 구원하시는도다(시 34:18)**

긍휼의 주님!

우리 ○○(이)를 축복합니다. ○○(이)가 항상 자신을 돌아보며 회개할 수 있는, 진실한 고백이 있는 사람이 되게 하여 주옵소서.

우리 주님은 상하고 통회하는 심령을 멸시치 아니하시는 주님이심을 믿습니다. 상한 갈대를 꺾지 아니하시고 꺼져가는 심지를 끄지 아니하시는 주님이심을 믿습니다.

사랑하는 ○○(이)의 심령을 복되게 하여 주셔서 늘 자신을 돌아보며 진실이 묻어 있는 고백으로 주님 앞에 나아갈 수 있게 하여 주옵소서. 그리하여 긍휼이 풍성하신 주님을 늘 경험하는 삶이 되게 하여 주옵소서.

자신의 죄를 솔직히 시인하지 않는 심령은 마귀가 가장 좋아한다는 것을 잊지 말게 하시고, 위선으로 가득한 심령 또한 결국 주님으로부터 멀어질 수 있음도 잊지 말게 하여 주옵소서. 용서를 받을 줄 아는 자가 남도 용서할 수 있고, 은총을 구할 줄 아는 자가 남에게도 은혜를 베풀 수 있음을 기억하게 하옵소서.

주님! 사랑하는 ○○(이)가 주님 앞에서 항상 진실이 묻어 있는 고백의 삶이됨으로, 주님의 사랑의 깊이를 더욱 알아가는 삶으로 인도함을 받게 하여 주옵소서.

예수님의 이름으로 축복하며 기도합니다. 아멘

핑계치 말게 하소서

> 너희는 열매 없는 어둠의 일에 참여하지 말고
> 도리어 책망하라(엡 5:11)

긍휼의 주님!

우리 ○○(이)를 축복합니다. ○○(이)가 항상 핑계만 앞세우는 신앙생활이 되지 않게 하여 주옵소서.

자신에게 맡겨진 일을 피하려고 서둘러 핑계를 물색하는 모습이 없게 하시고, 맡겨진 일을 잘 감당하기 위하여 마음을 구하고 지혜를 구할 수 있는 믿음의 자녀가 되게 하여 주옵소서.

남들이 어떤 신앙의 태도를 보이건 그것에 좌우되는 일이 없게 하시고, 진실하신 주님을 바라보며 맡겨진 일을 잘 감당할 수 있는 믿음의 자녀가 되게 하옵소서.

말을 앞세우거나 순간 재치를 앞세우는 일이 없게 하시고, 책임 있는 진실한 행동을 앞세울 수 있는 믿음의 자녀가 되게 하여 주옵소서.

언제나 주님 앞에서 거짓이 없는 정직한 열매 맺기를 기뻐하는 믿음의 자녀가 되게 하셔서, 훗날 주님께서 오셔서 열매를 내놓으라 하실 때 부끄럽지 않은 열매를 보일 수 있게 하옵소서.

이 땅에서 사는 동안 우리 ○○(이)가 주님께 더욱 충성할 수 있는 믿음의 자녀가 됨으로 만민보다 승한 주님의 복을 받게 하옵소서.

예수님의 이름으로 축복하며 기도합니다. 아멘

참된 믿음이 되게 하소서

> 예수께서 들으시고 그를 놀랍게 여겨 돌이키사
> 따르는 무리에게 이르시되 내가 너희에게 이르노니
> 이스라엘 중에서도 이만한 믿음은 만나보지 못하였노라 (눅 7:9)

믿음의 주요 온전케 하시는 주님!

우리 ○○(이)를 축복합니다. ○○(이)가 이런 믿음이 되지 않게 하옵소서. 주님만이 나의 주인이라 고백하면서도 주님을 따르는 데는 주저하는 믿음, 주님만이 나의 빛이라 고백하면서도 주님을 우러르는 데는 인색한 믿음이 되지 않게 하옵소서. 주님만이 나의 삶이라 고백하면서도 범사에 주님을 의지하지는 않는 믿음, 주님만이 나의 길이라 고백하면서도 그 길을 걷는 데는 앉은뱅이처럼 주저앉아 있는 믿음이 되지 않게 하옵소서.

주님만이 나의 슬기라 고백하면서도 주님의 도를 배우는 데는 게으른 믿음, 주님만이 진실하다 고백하면서도 주님의 사랑을 실천하려는 욕구는 아예 없는 믿음이 되지 않게 하옵소서. 주님만이 영원자이심을 고백하면서도 주님을 힘써서 찾는 목마름은 없는 믿음, 주님만이 어지신 분이라 고백하면서도 주님을 가까이하는 데는 핑계만 무성한 믿음이 되지 않게 하옵소서. 주님만이 존귀하시다 고백하면서도 주님을 온전히 섬기지 않는 믿음, 주님만이 날 강하게 하신다 고백하면서도 주님을 의지하지 않는 믿음이 되지 않게 하옵소서. 사랑하는 ○○(이)가 언제나 주님께 자신을 온전히 드릴 수 있는 참된 믿음이 되게 하옵소서.

예수님의 이름으로 축복하며 기도합니다. 아멘

기쁨으로 할 수 있게 하소서

그 주인이 이르되 잘하였도다 착하고 충성된 종아
네가 적은 일에 충성하였으매 내가 많은 것을 네게 맡기리니
네 주인의 즐거움에 참여할지어다 (마 25:23)

충성의 본을 보이신 주님!

우리 ○○(이)를 축복합니다. ○○(이)가 주님을 위하여 충성하는 일에 이것저것 가리지 않게 하옵소서.

아무리 궂은일이라도 주님을 위한 일이라면 피하지 않게 하시고, 아무리 고달픈 일이라 할지라도 주님을 위한 일이라면 피하지 않고 기쁨으로 할 수 있는 믿음의 자녀가 되게 하옵소서.

아무리 역겨운 일이라 할지라도 주님을 위한 일이라면 핑계치 않게 하시고, 누구도 인정해 주지 않는 일일지라도 주님을 위한 일이라면 주저함 없이 성실을 심을 수 있는 믿음의 자녀가 되게 하옵소서.

겉으로 드러나지 일일지라도 주님을 위한 일이라면 기꺼이 마음을 쏟을 수 있게 하시고, 손해를 보는 일일지라도 주님의 사랑을 나타내는 것이라면 즐거운 마음으로 할 수 있는 믿음의 자녀가 되게 하옵소서.

주님! 사랑하는 ○○(이)가 이렇게 주님을 위하여 충성함으로 주님의 큰 칭찬을 듣는 믿음의 사람이 되게 하옵소서. 예수님의 이름으로 축복하며 기도합니다. 아멘

성장하는 믿음이 되게 하소서

마치 사람이 자기 채소밭에 갖다 심은 겨자씨 한 알 같으니 자라 나무가 되어 공중의 새들이 그 가지에 깃들였느니라(눅 13:19)

믿음의 주님!

우리 ○○(이)를 축복합니다. ○○(이)가 언제나 성장하는 믿음이 되게 하옵소서.

언제나 갓난아이와 같이, 누군가의 보살핌이 있어야 겨우 유지 되는 믿음이 되지 않기를 원합니다.

스스로 일어서기도 하고 뛰기도 하는 믿음이 되게 하여 주시고, 주님을 위하여 아름답게 쓰임 받을 수 있는 믿음이 되게 하여 주옵소서.

게 하여 주시고, 교회를 위한 봉사도 부요케 되는 믿음이 되게 하여 주옵소서.

세상 앞에서 너무 쉽게 무너지는 믿음이 아니라, 세상과 한판 승부를 벌여도 조금도 꺾이지 않는 믿음이 되게 하여 주시고, 온갖 유혹 앞에서도 결코 흔들림 없는 믿음이 되게 하여 주옵소서.

믿음의 부요함으로 남들의 연약한 믿음도 세워주고, 남들의 아픔도 싸매어줄 수 있는 믿음이 되게 하여 주옵소서.

사랑하는 ○○(이)가 체험이 있는 믿음으로 주님을 기쁘시게 할 수 있는 믿음이 되게 하여 주옵소서.

예수님의 이름으로 축복하며 기도합니다. 아멘

영적인 지도자를 사랑하게 하소서

> 너희도 우리를 위하여 간구함으로 도우라
> 이는 우리가 많은 사람들의 기도로 얻은 은사로 말미암아
> 많은 사람이 우리를 위하여 감사하게 하려 함이라(고후 1:11)

사랑의 주님!

우리 ○○(이)를 축복합니다. ○○(이)가 언제나 교회 지도자를 사랑할 수 있는 마음을 갖게 하옵소서.

늘 기도에 힘쓰므로 자신을 교육하는 지도자를 도울 수 있게 하시고, 지도자의 말씀에 순종하고 복종함으로 근심을 끼쳐드리지 않는 신앙의 사람이 되게 하옵소서.

○○(이)가 언제나 지도자를 존경하고 우러르는 마음 변치 않게 하시고, 친절하게 잘해드릴 수 있는 신앙의 사람이 되게 하옵소서.

지도자를 비방하거나 헐뜯는 말들이 들려올 때, 굳은 신뢰로 동요되지 않게 하시고, 오히려 지도자의 편에 서서 변호할 수 있는 신앙의 사람이 되게 하옵소서.

잊지 않게 하시고, 더 좋은 신앙교육을 위하여 특별한 수고도 아끼지 않고 있음을 잊지 않게 하옵소서.

훌륭한 지도자는 끊임없는 기도와 협조로 이루어짐을 명심하게 하시고, 언제나 주님을 섬기듯 지도자를 잘 섬길 수 있는 신앙의 자녀가 되게 하옵소서.

예수님의 이름으로 축복하며 기도합니다. 아멘

열심이 있게 하소서

부지런하여 게으르지 말고 열심을 품고 주를 섬기라(롬 12:11)

일하시는 주님!

우리 ○○(이)를 축복합니다. ○○(이)가 언제나 열심을 다하는 신앙생활이 되게 하옵소서.

항상 자신의 일에는 관대하고 주님의 일에는 옹색한 변명만 늘어놓는 사람이 되지 않게 하옵소서.

봉사의 자리를 고의적으로 피하기 위하여 일부러 바쁜척 하는 위선의 행동이 없게 하시고, 주님의 일을 은근히 무시하고 천대하는 악한사람이 되지 않게 하옵소서.

항상 말만 앞세우고 행동은 뒷전인 얄미운 모습이 없게 하시고, 눈치만 살피고 물질과 자신을 깨뜨릴 줄 모르는 궁색한 사람이 되지 않게 하옵소서.

조금은 미련하게, 조금은 바보처럼 보인다 할지라도 주님을 위한 충성의 자리에는 항상 선두에 설줄 아는 열심이 있게 하여 주시고, 주님을 위한 충성을 인생 최고의 기쁨으로 여길 줄 아는 넉넉함이 있게 하여 주옵소서.

사랑하는 ○○(이)에게 누구나 본받고 싶고, 누구나 함께 하고 싶은 시원함이 있게 하여 주시고, 무엇보다도 주님의 마음을 시원케 해드리는 아름다운 일꾼이 되게 하옵소서.

예수님의 이름으로 축복하며 기도합니다. 아멘

순종이 있게 하소서

그가 아들이시면서도 받으신 고난으로 순종함을 배워서
온전하게 되셨은즉 자기에게 순종하는 모든 자에게
영원한 구원의 근원이 되시고(롬 12:11)

순종을 보여주신 주님!

우리 ○○(이)를 축복합니다. ○○(이)가 언제나 순종하는 신앙생활이 되게 하옵소서. 순종이 제사보다 낫고 듣는 것이 수양의 기름보다 낫다고 하신 주님의 말씀을 잊지 말게 하옵소서(삼상15:22). 말씀을 많이 아는 것이 믿음이 아니라, 한 말씀이라도 순종하는 것이 믿음임을 기억하게 하옵소서.

믿음의 선진들이 말씀에 순종함으로 하나님을 기쁘시게 하고 세상이 감당치 못하는 걸출한 믿음의 사람으로 쓰임 받았듯이, ○○(이)도 그와 같은 순종의 사람이 되게 하옵소서.

주님께 순종을 드리는 삶을 살되 억지로나 마지못해 하는 순종이 되지 말게 하시고, 기쁨과 즐거움으로 할 수 있는 순종이 되게 하옵소서. 더욱 순종하기 위하여 주님의 몸 된 교회를 가까이 할 수 있게 하시고, 주님과의 교제인 기도를 놓치지 않게 하시며, 주님의 말씀을 더욱 사랑하는 삶이 되게 하옵소서.

생활이 어렵고 힘들지라도 순종의 자리만큼은 피하지 않게 하시고, 더욱 굳센 믿음으로 순종의 욕구를 충족시켜 나갈 수 있는 사람이 되게 하옵소서. 예수님이 보여주시고, 많은 믿음의 사람들이 보여준 순종의 삶이기에 주님께 순종하는 그 자체로 만족함을 얻고 찬송할 수 있는 사람이 되게 하옵소서. 예수님의 이름으로 축복하며 기도합니다. 아멘

헌신이 있게 하소서

> 내가 진실로 너희에게 이르노니
> 온 천하에 어디서든지 복음이 전파되는 곳에는
> 이 여자가 행한 일도 말하여 그를 기억하리라 하시니라 (막 14:9)

저희들을 위하여 모든 것을 헌신하신 주님!

우리 ○○(이)를 축복합니다. ○○(이)가 언제나 주님을 본받아 헌신하는 삶이 되게 하여 주옵소서.

자기중심적인 신앙을 떨쳐버리고, 주님의 마음을 살필 줄 아는 신앙으로 나아갈 수 있게 하여 주시고, 주님을 위하여 자신의 모든 것을 깨뜨릴 수 있는 헌신의 사람이 되게 하여 주옵소서.

자신의 필요가 채워진 것으로 인하여 기뻐하고 즐거워하기보다, 무엇이든 주님이 필요로 하신 것에 사용되어짐을 기뻐할 수 있는 헌신의 사람이 되게 하여 주옵소서.

주님을 위한 일이라면 가리는 것 없이 충성할 할 수 있는 신앙이 되게 하여 주시고, 핑계를 앞세워 봉사의 자리를 외면하는 부끄러운 모습이 없게 하여 주옵소서.

주님이 품으셨던 그 간절한 마음으로 영혼을 사랑할 수 있게 하시고, 다른 사람을 성실하게 섬길 수 있게 하시며, 늘 기도로 자신의 신앙을 점검해 나갈 수 있는 겸손한 모습도 있게 하여 주옵소서.

사랑하는 ○○(이)가 언제나 자신을 주님이 기뻐하시는 거룩한 산제사로 드리기를 소원할 수 있게 하옵소서.

예수님의 이름으로 축복하며 기도합니다. 아멘

이런 기도의 사람이 되게 하소서

구하여도 얻지 못함은 정욕으로 쓰려고 잘못 구함이라(약 4:3)

기도의 본을 보이신 주님!

우리 ○○(이)를 축복합니다. ○○(이)가 기도의 사람이 되게 하옵소서. 위험에 처했을 때, 벗어나게 해달라는 간구이기 보다는 두려움 없는 용기를 구하는 기도의 사람이 되게 하옵소서.

고통스러울 때, 고통을 멎게 해달라는 간구보다는 고통의 극복을 위하여 인내를 구하는 기도의 사람이 되게 하옵소서.

인생의 싸움터에서 동조자를 찾는 간구이기 보다는 인생과 싸워 이길 능력을 구하는 기도의 사람이 되게 하옵소서.

근심스런 공포에서 구원을 목말라하는 간구이기 보다는 자유를 위하여 싸워 얻을 끈기를 구하는 기도의 사람이 되게 하옵소서.

주님! 사랑하는 ○○(이)가 만사형통하는 복락 속에서만 하나님이 축복하신다고 생각지 말게 하시고, 거듭되는 고통 속에서도 하나님이 자기의 고통에 함께 참여하고 계심을 의심치 않는 사람이 되게 하옵소서.

주님! 사랑하는 ○○(이)가 일취월장하는 성공 속에서만 하나님이 자비하시다고 생각지 말게 하시고, 거듭되는 실패 속에서도 하나님이 자신의 손을 힘껏 쥐고 계신다고 감사하는 사람이 되게 하옵소서.

예수님의 이름으로 축복하며 기도합니다. 아멘

이런 기도를 본받게 하소서

> 예수께서 힘쓰고 애써 더욱 간절히 기도하시니
> 땀이 땅에 떨어지는 핏방울 같이 되더라(눅 22:44)

기도의 본을 보이신 주님!

우리 ○○(이)를 축복합니다. ○○(이)가 이런 기도를 본받을 수 있게 하옵소서. 심판받을 소돔과 고모라의 멸망을 유보해 달라고 의인을 앞세워 안타깝게 기도하던 아브라함의 중보기도를 본받을 수 있게 하옵소서.

얍복 강변에서 밤새도록 하나님의 사람과 씨름하며 끈기 있게 기도하였던 야곱의 기도를 본받을 수 있게 하옵소서. 범죄한 이스라엘 백성을 위하여 자신의 이름이 생명책에서 지워질지라도 민족의 용서를 구하던 모세의 중보기도를 본받을 수 있게 하옵소서.

하나님의 사람 모세도 떠나고 없던 회막에서, 이스라엘의 광야 행군을 위하여 마음을 쏟아 기도하였던 여호수아의 기도를 본받을 수 있게 하옵소서. 절체절명의 위기에 놓인 민족의 구원을 놓고 "죽으면 죽으리이다"하고 아하수에로 왕에게로 나아갔던 에스더의 기도를 본받을 수 있게 하옵소서.

사울에게 쫓겨 그 혹독한 광야의 도피생활 중에도 여호와 하나님에 대한 찬송의 기도를 쉬지 않았던 다윗의 그 기도를 본받을 수 있게 하옵소서. 나의 형제 곧, 골육의 친척을 위하여 자신이 저주를 받아 그리스도에게서 끊어질지라도 항상 기도하기를 쉬지 않았던 바울의 기도를 본받을 수 있게 하옵소서. 예수님의 이름으로 축복하며 기도합니다. 아멘

성령의 사람으로 살게 하소서

그러나 진리의 성령이 오시면
그가 너희를 모든 진리 가운데로 인도하시리니
그가 스스로 말하지 않고 오직 들은 것을 말하며
장래 일을 너희에게 알리시리라 (요 16:13)

성령 충만을 주시는 주님!

우리 ○○(이)를 축복합니다. ○○(이)가 이 땅을 살아가는 동안 성령의 사람으로 살아가게 하옵소서. 죄에 오염되기 쉽고 넘어지기 쉬운 ○○(이)의 심령을 주의 성령께서 강하게 붙들어 주시기를 원합니다. ○○(이) 속에 죄가 왕 노릇 하지 못하도록 육체의 소욕을 성령의 불로 지져 주시고, 죄 짓는 자리에 가지 않도록 성령의 화염검으로 막아주옵소서.

성령의 인도하심 속에서 주님의 거룩하신 뜻을 이루어 갈 수 있는 사람이 되게 하여 주시고, 성령께서 감동을 주시는 대로 주님을 위하여 힘써서 일할 수 있는 사람이 되게 하여 주옵소서. ○○(이)의 생각과 마음도 성령께서 철저히 간섭하여 주셔서 계획하는 모든 일들이 주님이 기뻐하시고 축복하시는 일들이 되게 하여 주옵소서.

남을 위하여도 더욱 사랑하고 동일한 성령을 부어 달라고 기도할 수 있는 사람이 되게 하옵소서. 이 땅에서 살아가는 동안 성령의 열매를 풍성히 맺는 삶이 되게 하시고, 성령님을 근심케 하는 일이 없게 하옵소서.

사랑하는 ○○(이)에게 날마다 성령을 기름 붓듯 주어 주셔서 항상 성령님의 지배를 받는 복된 삶이 되게 하실 것을 믿습니다.

예수님의 이름으로 축복하며 기도합니다. 아멘

성령 충만하게 하소서

> 술 취하지 말라 이는 방탕한 것이니
> 오직 성령의 충만을 받으라 (엡 5:18)

성령 충만을 주시는 주님!

우리 ○○(이)를 축복합니다. ○○(이)에게 성령 충만함을 주옵소서. 성령 충만함으로 날마다 ○○(이)의 심령이 새로워지게 하시고 죄에 사로잡히는 일이 없게 하옵소서.

성령 충만함으로 사단 마귀에게 미혹당하는 일도 없게 하시고, 사단 마귀에게 틈을 보이는 일도 없게 하옵소서. 언제나 사단 마귀를 물리치는 권능의 사람이 되게 하옵소서.

주님, 사랑하는 ○○(이)가 성령 충만함으로 주님의 뜻을 온전히 분별하게 하옵소서. 그리하여 주님이 부르시는 날까지 오직 당신의 뜻만을 좇아가게 하시고, 당신의 영광만을 드러내는 삶이 되게 하옵소서.

주님의 몸 된 교회도 늘 성령 충만한 가운데서 섬길 수 있게 하옵소서. 봉사와 섬김을 기쁨으로 감당할 수 있게 하시고, 충성과 희생을 즐거움으로 감당할 수 있게 하옵소서.

사회생활도 성령 충만함으로 강하고 담대해질 수 있게 하시고, 주님의 아름다운 덕을 선전할 수 있는 삶이 되게 하옵소서.

항상 성령 충만을 위하여 주님을 가까이 할 수 있게 하시고, 기도와 말씀을 통하여 주님과의 깊은 교제를 이루는 삶이 되게 하옵소서.

예수님의 이름으로 축복하며 기도합니다. 아멘

주님을 잘 섬기게 하소서

> 우리 주 예수 그리스도를 변함없이
> 사랑하는 모든 자에게 은혜가 있을지어다(엡 6:24)

섬김의 본을 보여 주신 주님!

우리 ○○(이)를 축복합니다. ○○(이)가 언제나 주님을 잘 섬길 수 있는 자녀가 되게 하옵소서.

인생에 뜻하지 않은 어려움이 닥쳐와도 주님을 섬기는 마음은 변함없게 하시고, 흔들림 없이 주님을 잘 섬길 수 있는 믿음의 자녀가 되게 하옵소서. 어려우면 어려울수록, 힘들면 힘들수록 주님을 향한 더 크고 확실한 믿음을 보여줄 수 있는 주님의 자녀가 되게 하옵소서.

혹 자신이 하고 있는 일 때문에 시간적인 여유가 없을지라도 주님을 섬기는 자리만큼은 남에게 양보하는 일이 없게 하시고, 주님을 섬기는 삶이 인생최고의 목적임을 잊지 않는 주님의 자녀가 되게 하옵소서.

주어진 환경이 어떠하든지 그것을 초월하여 항상 주님의 기쁨이 될 수 있게 하시고, 사랑의 주님을 더욱 사랑하며, 주님과 동행하기를 즐거워하는 주님의 자녀가 되게 하옵소서.

주님을 더 잘 섬기기를 원하는 자의 앞길을 우리 주님이 붙드시고, 그 길을 형통케 하시고, 반석위에 든든히 세우실 것을 믿습니다. 사랑하는 ○○(이)가 주님을 잘 섬길 수 있는 믿음의 자녀가 되게 하옵소서.

예수님의 이름으로 축복하며 기도합니다. 아멘

주님의 음성을 들을 수 있게 하소서

그는 우리의 하나님이이요
우리는 그가 기르시는 백성이며 그의 손이 돌보시는 양이기 때문이라
너희가 오늘 그의 음성을 듣거든(시 95:7)

사랑의 주님!

우리 ○○(이)를 축복합니다. ○○(이)가 언제나 주님의 음성을 듣는 삶이 되게 하옵소서.

지치고 곤한 삶의 짐을 안고 주님 앞에 엎드릴 때마다 따사로이 안아주시는 주님의 음성을 들을 수 있게 하옵소서.

흔들리는 마음과 상한 심령으로 주님 앞에 엎드릴 때마다 새 힘을 주시고 굳게 붙들어 주시는 주님의 음성을 들을 수 있게 하옵소서.

세상에서 기막힌 일을 당하고 서러움에 견딜 수 없어 주님 앞에 엎드릴 때마다 따뜻이 위로하시는 주님의 음성을 들을 수 있게 하옵소서. 배신의 쓴잔을 마시고 휑한 마음 달랠 길 없어 주님 앞에 엎드릴 때마다 싸매주시고 새 능력을 더하여 주시는 주님의 음성을 들을 수 있게 하옵소서.

사랑하는 ○○(이)가 주님 앞에 나올 때마다 생명의 강가에서 뛰놀고 은혜의 바다에서 눕는 주님의 은혜를 경험하게 하옵소서.

이리도 끔찍이 사랑하시는 주님의 은총을 경험하게 하시고, 언제나 주님의 따뜻한 온기에 취하는 삶이 되게 하여 주옵소서.

예수님의 이름으로 축복하며 기도합니다. 아멘

이런 신자가 되지 않게 하소서

우리가 하나님과 함께 일하는 자로서
너희를 권하노니 하나님의 은혜를 헛되이 받지 말라(고후 6:1)

사랑의 주님!
우리 ○○(이)를 축복합니다. ○○(이)가 주님 앞에서 이런 신자가 되지 않게 하옵소서.
기름 없는 마른 기계와 같이 은혜가 메말라, 주님을 향한 열정이 뻑뻑한 신자가 되지 않게 하옵소서.
물 없는 우물 같이 기쁨이 메말라, 주님을 향한 뜨거운 찬양이 없는 신자가 되지 않게 하옵소서.
식어진 화로와 같이 심령이 식어져 있어, 주님을 향한 진실한 고백이 없는 신자가 되지 않게 하옵소서.
열매 없는 무화과나무 같이 겉모양만 요란하여, 주님을 향한 복스런 결실이 없는 신자가 되지 않게 하옵소서.
가물어 메마른 땅과 같이 영혼이 메말라, 주님을 향한 그 어떤 믿음의 새싹도 자랄 수 없는 척박한 신자가 되지 않게 하옵소서.
기름 없는 등과 같이 성령 충만하지 못하여 주님을 향한 빛과 소금의 삶이 없는 신자가 되지 않게 하옵소서.
주님! 사랑하는 ○○(이)가 언제나 주님이 인정하시고 칭찬하시는 복 있는 신자가 되게 하옵소서.
예수님의 이름으로 축복하며 기도합니다. 아멘

주님의 기쁨이 되게 하소서

> 너의 하나님 여호와가 너의 가운데 계시니
> 그는 구원을 베푸실 전능자이시라
> 그가 너로 말미암아 기쁨을 이기지 못하시며 너를 잠잠히 사랑하시며
> 너로 말미암아 즐거이 부르며 기뻐하시리라 하리라(습 3:17)

기쁨의 주님!

우리 ○○(이)를 축복합니다. ○○(이)가 주님의 기쁨이 되게 하옵소서. 00(이)의 모든 것이 주님의 기쁨 되게 하옵소서.

예배를 사랑하는 ○○(이)의 마음이 주님의 기쁨이 되게 하시고, 입술에 담겨진 ○○(이)의 찬양이 주님의 기쁨이 되게 하옵소서.

마음을 담아 드리는 ○○(이)의 헌금이 주님의 기쁨이 되게 하시고, 정성이 깃들여있는 ○○(이)의 봉사가 주님의 기쁨이 되게 하옵소서.

겸손을 앞세운 ○○(이)의 순종이 주님의 기쁨이 되게 하시고, 진실이 묻어나는 ○○(이)의 섬김이 주님의 기쁨이 되게 하옵소서.

믿음을 앞세운 ○○(이)의 충성이 주님의 기쁨이 되게 하시고, 희생을 각오한 ○○(이)의 헌신이 주님의 기쁨이 되게 하옵소서. 깨끗한 고백이 담겨있는 ○○(이)의 회개가 주님의 기쁨이 되게 하시고, 간절함이 묻어 있는 ○○(이)의 기도가 주님의 기쁨이 되게 하옵소서.

주님! 사랑하는 ○○(이)가 언제나 주님의 기쁨이 되는 삶이 되게 하옵소서. 예수님의 이름으로 축복하며 기도합니다. 아멘

주님이 기준이 되게 하소서

**나의 영혼아 잠잠히 하나님만 바라라
무릇 나의 소망이 그로부터 나오는도다(시 62:5)**

은혜의 주님!

우리 ○○(이)를 축복합니다. ○○(이)가 언제나 주님이 기준이 되는 사람이 되게 하옵소서.

사랑하는 ○○(이)가 언제나 주님이 기뻐 받으실만한 일만을 생각하는 사람이 되게 하시고, 그 일만을 추구하고 그 일만을 행하는 사람이 되게 하옵소서.

주님의 뜻이 곧 ○○(이)의 뜻이 되게 하시고, ○○(이)의 뜻은 오직 주님의 뜻만을 따르되, 그 뜻이 완전한 일치를 이루는 삶이 되게 하옵소서.

주님! 사랑하는 ○○(이)가 세속에 대하여는 완전히 죽은 자가 되기를 원합니다. 세인들로부터 어떠한 멸시와 조롱이 받는다 할지라도 주님만을 기꺼이 사랑하는 삶이 되게 하옵소서.

○○(이)의 존재가 완전히 없어진다 할지라도 주님 안에서 존재하기를 바라는 그 소망이 절대로 깨어지지 않게 하옵소서.

오! 주님, 사랑하는 ○○(이)가 유일하신 주님 안에서만 사는 자가 되기를 원합니다. 주님을 떠난 모든 것이 괴로움이요 불안일 뿐임을 잊지 않게 하옵소서. 오직 주님만이 참된 안식이요 참된 평안일 뿐임을 늘 기억하게 하옵소서.

예수님의 이름으로 축복하며 기도합니다. 아멘

겸손한 기도무릎이 있게 하소서

여호와께서 겸손한 자들은 붙드시고
악인들은 땅에 엎드러뜨리시는도다(시 147:6)

겸손의 주님!

우리 ○○(이)를 축복합니다. ○○(이)가 언제나 기도무릎을 보일 수 있는 복 있는 사람이 되게 하옵소서.

가진 학식의 풍부함에 자만하지 않으며, 주님 앞에 겸손히 기도무릎을 보일 수 있는 복 있는 사람이 되게 하옵소서. 하는 것이 잘된다고 교만하지 않으며, 주님 앞에 겸손히 기도무릎을 보일 수 있는 복 있는 사람이 되게 하옵소서.

찾아온 인생의 위기 앞에서도 불안해하지 않으며, 주님 앞에 겸손히 기도무릎을 보일 수 있는 복 있는 사람이 되게 하옵소서. 뜻을 품고 꿈꾸던 것이 좌절 되었을지라도 비관하지 않으며, 주님 앞에 겸손히 기도무릎을 보일 수 있는 사람이 되게 하옵소서.

우리 ○○(이)가 주어진 열악한 환경 앞에서도 불평하지 않으며, 주님 앞에 겸손히 기도무릎을 보일 수 있는 복 있는 사람이 되게 하옵소서. 배신과 슬픔 앞에서도 원망하지 않으며, 주님 앞에 겸손히 기도무릎을 보일 수 있는 복 있는 사람이 되게 하옵소서. 뜻하지 않은 불행 앞에서도 절망하지 않으며, 주님 앞에 겸손히 기도무릎을 보일 수 있는 복 있는 사람이 되게 하옵소서. 언제나 주님 앞에 겸손히 엎드릴 줄 아는 기도의 사람이 되게 하옵소서. 예수님의 이름으로 축복하며 기도합니다. 아멘

기회를 잃지 않게 하소서

범사에 기한이 있고 천하 만사가 다 때가 있나니(전 3:1)

사랑의 주님!

우리 ○○(이)를 축복합니다. ○○(이)가 자신에게 주어진 기회를 잃지 않는 삶이 되게 하옵소서. 주님의 뜻을 온전히 따를 수 있는 기회, 주님의 뜻을 온전히 펼칠 수 있는 기회가 있을 때 그 잃지 않는 삶이 되게 하옵소서.

주님께 더 가까이 나갈 수 있는 기회, 주님을 더욱 간절히 찾을 수 있는 기회가 있을 때 그 기회를 잃지 않는 삶이 되게 하옵소서.

주님의 은혜를 넘치게 받을 수 있는 기회, 주님의 축복을 듬뿍 받을 수 있는 기회가 있을 때, 그 기회를 잃지 않는 삶이 되게 하옵소서.

주님을 온전히 섬길 수 있는 기회, 주님께 힘을 다하여 헌신할 수 있는 기회가 있을 때 그 기회를 잃지 않는 삶이 되게 하옵소서. 주님의 참된 제자가 될 수 있는 기회, 주님의 진실한 동역자가 될 수 있는 기회가 있을 때 그 기회를 잃지 않는 삶이 되게 하옵소서.

영혼을 뜨겁게 사랑할 수 있는 기회, 영혼을 주님 앞으로 인도할 수 있는 기회가 있을 때, 우리 ○○(이)가 그 기회를 잃지 않는 삶이 되게 하옵소서.

예수님의 이름으로 축복하며 기도합니다. 아멘

주님을 닮을 수 있게 하소서

> 너희가 전에는 어두움이더니 이제는 주 안에서 빛이라
> 빛의 자녀들처럼 행하라 빛의 열매는
> 모든 착함과 의로움과 진실함에 있느니라(엡 5:8,9)

사랑의 주님!

우리 ○○(이)를 축복합니다. ○○(이)가 주님을 성품을 닮아가는 자녀로 성장하게 하옵소서.

도무지 사랑할 수 없는 사람까지도 사랑할 줄 알며, 도저히 품어주기 어려운 사람까지도 품을 수 있는 주님을 닮은 자녀로 성장 하게 하옵소서.

도무지 이해할 수 없는 사람까지도 이해할 줄 알며, 도저히 용납할 수 없는 사람까지도 용납할 수 있는 주님을 닮은 자녀로 성장하게 하옵소서.

도무지 존중할 수 없는 사람까지도 존중할 줄 알며, 도저히 용서할 수 없는 사람까지도 용서할 수 있는 주님을 닮은 자녀로 성장하게 하옵소서.

도무지 신뢰할 수 없는 사람까지도 신뢰할 줄 알며, 도저히 도울 필요가 없는 사람까지도 도울 수 있는 주님을 닮은 자녀로 성장하게 하옵소서.

도무지 섬길 수 없는 사람까지도 섬길 줄 알며, 도저히 축복할 수 없는 사람까지도 축복 할 수 있는 주님을 닮은 자녀로 성장하게 하옵소서.

사랑하는 ○○(이)가 이런 자녀로 성장하게 하셔서 주님의 성품을 더욱 닮아가게 하옵소서.

예수님의 이름으로 축복하며 기도합니다. 아멘

교회의 일꾼이 되게 하소서

> 내가 교회 일꾼 된 것은 하나님이 너희를 위하여
> 내게 주신 직분을 따라
> 하나님의 말씀을 이루려 함이니라(골 1:25)

사랑의 주님!

우리 ○○(이)를 축복합니다. ○○(이)가 주님의 몸 된 교회의 참된 일꾼이 되게 하옵소서.

언제나 주님을 사랑하는 모습이 교회를 가까이 하는 모습으로 나타날 수 있게 하시고, 언제나 주님을 섬기는 모습이 예배를 사랑하는 모습으로 나타나게 하옵소서.

주님의 은혜를 사모하되 주님께 쓰임받기 위하여 성령 충만을 구할 수 있게 하시고, 기도의 자리를 기뻐하되 온전한 순종을 드리기 위하여 무릎 꿇을 수 있는 아이가 되게 하옵소서.

교회를 통하여 주님이 기뻐하시는 뜻을 이룰 수 있게 하시고, 주님을 닮아가기 위하여 남을 섬기되 겸손함으로 섬길 수 있게 하시며, 희생하되 행복한 마음으로 희생할 수 있게 하옵소서.

주님! 사랑하는 우리 ○○(이)가 주님의 몸 된 교회를 든든히 세우는 일꾼이 되기를 원합니다. 주님이 기뻐하시는 천국의 귀한 재목으로 쓰임받기를 원합니다. 언제나 성령 충만을 주시고, 성령의 열매를 맺으며, 주님께 쓰임 받는 그릇으로 다듬어지게 하옵소서.

예수님의 이름으로 축복하며 기도합니다. 아멘

삶을 통해서 배우는 아이

꾸지람 속에서 자란 아이,
비난하는 것을 배우며
적대와 미움을 받고 자란 자녀는
싸움하는 것을 배웁니다.
놀림을 받으며 자란 아이,
부끄러움 타는 것을 배우고,
질투하는 분위기 속에서 자란 아이,
죄의식의 감정을 배웁니다.
관용 속에서 키운 아이,
인내하는 것을 배우며,
격려 받으며 자란 아이,
자신감을 배우고,
칭찬 받으며 자란 아이,
감사하는 마음을 배웁니다.
공정한 대우를 받으며 자란 아이,
정의로움을 배우고,
안정감을 갖고 자란 아이, 믿음을 배웁니다.
인정을 받으며 자란 아이,
자기 자신을 좋아하는 것을 배우며
포용과 친밀함으로 키운 아이,
이 세계에서 사랑을 발견하는 것을 배웁니다.

– 도로시 로우 놀트

자녀의 치유와
회복을 도와주는
축복기도문

학습능력이 뒤떨어져 있을 때

> 이에 그가 그들을 자기 마음의 완전함으로 기르고
> 그의 손의 능숙함으로 그들을 지도하였도다(시 78:72)

사랑의 주님!

우리 ○○(이)를 축복합니다. ○○(이)가 학습능력이 뒤떨어집니다. 학원을 보내도 학습 진도를 따라가지 못합니다. 특별과외를 시켜도 성적이 제자리를 맴돌고 있습니다.

공부가 아이의 전부는 아니지만, 아이가 너무 뒤처지는 것 같아 아이의 미래가 걱정스럽습니다. 아이 자신도 학습 능률이 오르지 않으니 점점 자신감을 잃어가고 상실감이 큰 것 같아요.

주님! 다그친다고 되는 것도 아니고, 혼을 낸다고 나아지는 것도 아니니 어떻게 해야 하지요? 다른 모든 것은 참으로 괜찮은 아이입니다. 이해심도 많고, 참을성도 강한 아이입니다. 친구도 많고, 어울리기도 잘하는 아이입니다. 거짓말 할 줄도 모르고, 속이지도 않습니다. 교회도 얼마나 잘 다니는지 모릅니다.

주님! 주님을 의뢰하는 ○○(이)를 도와주세요. 아이에게 깨우칠 수 있는 지혜를 부어 주시고 배워서 터득할 수 있는 명철을 주옵소서. 크게 향상되는 것은 없어도 노력하면 나아질 수 있다는 자신감을 갖도록 도와주세요. 주님이 쓰시기에 합당한 아이로 성장할 수 있도록 다듬어 주세요. 주님의 도우심을 바라보며 예수님의 이름으로 축복하며 기도합니다. 아멘

컴퓨터를 너무 좋아할 때

여호와여 주의 도를 내게 가르치소서
내가 주의 진리에 행하오리니
일심으로 주의 이름을 경외하게 하소서 (시 86:11)

사랑의 주님!

우리 ○○(이)를 축복합니다. ○○(이)가 컴퓨터를 너무 좋아합니다. ○○(이)에게 유일한 취미가 있다면 그것은 컴퓨터 앞에 앉는 것입니다. 게임이나 나쁜 것에 현혹되지 않도록 매번 간섭하고 지도하고 있지만 이것도 어릴 때 뿐이지 머리가 커지면 부모를 얼마든지 속일 수 있다는 생각에 가슴이 철렁 내려앉을 때가 있습니다.

주님! 어찌할 수 없는 시대적 흐름이라지만 문명의 이기에 아이의 정서를 방임할 수는 없습니다.

주님! ○○(이)가 지나치게 컴퓨터에 몰입하지 않도록 도와주세요. 컴퓨터가 중심이 아니라 주님이 중심이 될 수 있도록 이끌어 주옵소서. 컴퓨터에만 관심을 갖는 것이 아니라 신앙에도 관심을 가질 수 있도록 붙들어 주옵소서. 예배를 귀하게 여기고, 교회생활에 즐거움을 느낄 수 있는 아이가 되게 하여 주세요.

○○(이)의 인격이 한낱 기계에 의해서 파괴되는 일이 없도록 지켜 주세요. ○○(이)의 영혼이 사단의 올무에 걸려 넘어 지지 않도록 보호하여 주세요. 주님만을 사랑하고, 주님을 인하여 기뻐할 수 있는 ○○(이)가 되게 하여 주세요.

주님의 도우심을 바라보며 예수님의 이름으로 축복하며 기도합니다. 아멘

낭비벽이 심할 때

> 미련한 아들은 그 아비의 근심이 되고
> 그 어미의 고통이 되느니라(잠 17:25)

사랑의 주님!

우리 ○○(이)를 축복합니다. ○○(이)가 낭비벽이 너무 심합니다. 처음에는 아이가 돈을 주고 무얼 살줄 안다는 것이 신기해서 동전을 자주 손에 쥐어주곤 했는데, 그것이 이제는 ○○(이)에게 나쁜 버릇이 되어버린 것 같습니다.

하루도 돈을 쥐어주지 않으면 학교 갈 생각을 하지 않고, 투정을 부리거나 떼를 쓰기가 예사입니다. 혼을 내도 안 되고 야단을 쳐도 안 됩니다.

주님! 이러다 ○○(이)가 자라면서 낭비벽이 점점 심해지는 것은 아닐까 걱정이 앞섭니다. 돈을 가볍게 여기는 습성이 생기는 것은 아닐까 염려가 앞섭니다.

주님! ○○(이)가 더 이상 나쁜 습관에 길들여지지 않게 하시고, 돈을 써야하는 욕구, 무엇을 사야하는 욕구, 무엇을 먹어야 하는 욕구를 스스로 자제할 수 있는 마음을 갖게 하여 주옵소서.

주님! 욕구를 절제할 줄 아는 지혜가 있게 하시고, 돈을 아껴 쓰고, 저축할 줄 아는 습관이 생기게 하옵소서. 어릴 때부터, 남을 도울 수 있는 일에 관심을 갖고 성의를 표할 줄 아는 아이로 다듬어지게 하옵소서.

예수님의 이름으로 축복하며 기도합니다. 아멘

비만이 심할 때

> 술 취하고 음식을 탐하는 자는 가난하여질 것이요
> 잠자기를 즐겨하는 자는 해어진 옷을 입을 것임이니라 (잠 23:21)

사랑의 주님!

우리 ○○(이)를 축복합니다. ○○(이)의 건강에 적신호가 켜졌습니다. 살을 빼지 않으면 당뇨도 생길 수 있다는 의사의 진단을 받았습니다. 부모로서, 어릴 때 살찐 것은 살로 간다는 옛말만 믿고 뭐든지 잘 먹는 아이가 대견해 보였는데, 그게 아님을 이제야 깨달았습니다.

주님! ○○(이)의 건강을 살피고 관리해야 할 부모가 너무나 무지했음을 솔직히 고백합니다. 너무나 태만했음을 솔직히 고백합니다. 부모의 책임을 다하지 못한 이 죄인을 용서하여 주옵소서. 육체가 건강해야 정신도 건강하게 됨을 깨닫습니다. 정신이 건강해야 영혼을 위한 신앙생활도 건강해짐을 깨닫습니다.

주님! ○○(이)가 너무 좋아하는 인스턴트식품을 멀리하도록 해야 하는데, 아이가 어떻게 받아들일지 걱정이 앞섭니다. 우선 아이의 입맛을 돌릴 수 있도록 제게 지혜를 주옵소서. 그리고 운동에 잘 적응할 수 있도록 ○○(이)를 이끌어 주옵소서. 우둔한 모습이 아닌 튼튼한 모습으로, 미련한 모습이 아닌 총명한 모습으로 주님께 사랑 받을 수 있도록 도와주옵소서.

예수님의 이름으로 축복하며 기도합니다. 아멘

투정이 심할 때

입과 혀를 지키는 자는
자기의 영혼을 환난에서 보전하느니라(잠 21:23)

사랑의 주님!

우리 ○○(이)를 축복합니다. ○○(이)가 투정이 심합니다. 사사건건 투정을 부립니다.

이러다 커서도 불만만 쏟아내는 아이가 되지 않을까 걱정이 앞섭니다. 대인관계가 제대로 이뤄질 수 있을지 걱정이 앞섭니다. 사회생활에 제대로 적응이나 할지 모르겠습니다.

주님! ○○(이)의 생각에 파고든 투정의 뿌리를 끄집어 내 주옵소서. ○○(이)의 마음을 지배하고 있는 불만의 쓴 뿌리들을 끄집어내어 주옵소서.

투정의 입술도 성령의 불로 지져 주셔서 긍정의 언어, 칭찬의 언어가 되게 하여 주옵소서.

○○(이)의 눈에 보이는 모든 것이 좋게 보여 지게 하시고, 못마땅한 이유를 찾는 것에 눈멀게 하옵소서.

그 영혼에 사랑이 넘실대게 하시고, 옹졸한 마음이 너른 마음으로 변화되게 하옵소서.

사랑을 주옵소서.

평화를 주옵소서.

예수님의 이름으로 축복하며 기도합니다. 아멘

거짓말을 할 때

> 여호와의 미워시는 것
> 곧 그 마음에 싫어하시는 것이 예닐곱 가지이니
> 곧 교만한 눈과 거짓된 혀와 무죄한 자의 피를 흘리는 손과 (잠 6:16,17)

사랑의 주님!

우리 ○○(이)를 축복합니다. ○○(이)가 거짓말을 합니다. 처음에는 크는 과정이겠거니 생각하며 대수롭지 않게 생각을 했는데, 차츰 횟수가 늘어나고 있습니다.

거짓말 하는 것이 훤히 보이는 데도 아주 능청스럽게, 전혀 긴장하지도 않으며 사실처럼 꾸며대는 것을 볼 때, 참으로 기막힐 때가 있습니다. 혼을 내면 끝까지 우기는 버릇까지 생겼습니다. 때로는 눈물을 흘리며 동정을 사려고 하기도 합니다.

주님! ○○(이)의 거짓말이 습관으로 연결된다면 얼마나 끔찍한 일입니까? 훗날, 하나님을 속이는 자가 될 것이요, 이웃을 속이는 자가 될 것입니다. 하나님의 마음을 아프게 하고 사람의 마음을 아프게 하는 자가 될 것입니다.

주여! ○○(이)를 불쌍히 여기셔서 정직한 영으로 세워주옵소서. 그 생각을 지켜 주시고, 그 입술에 거짓을 담지 않게 하옵소서. 거짓으로 길들여 지지 않게 하시고, 정직으로 다듬어지는 아이가 되게 하옵소서. 정직함으로 하나님을 높이고 부모를 즐겁게 하며, 이웃을 부요케 할 수 있는 아이가 되게 하옵소서.

예수님의 이름으로 축복하며 기도합니다. 아멘

정서적으로 불안정할 때

**모든 지킬 만한 것보다 더욱 네 마음을 지키라
생명의 근원이 이에서 남이니라(잠 4:23)**

사랑의 주님!

우리 ○○(이)를 축복합니다. ○○(이)가 너무 부산하고 산만해 보입니다. 어디서나 가만히 앉아 있지를 못하고, 저지레하기 일쑤입니다. 책을 봐도 집중력이 없고, 놀이를 해도 거칠기만 합니다. 무엇을 배워도 오래가지 못하고, 또래들과도 좋은 사귐이 이루어지지 않고 있습니다. 무엇을 하든지, 그것이 끝내 말썽으로 이어집니다. 야단을 쳐도 그때뿐이고, 타일러도 그때뿐입니다.

주님! ○○(이)가 자기의 생각과 마음을 스스로 어떻게 할 수 없나봅니다. 정서적으로 불안정한 아이의 모습을 보며, 아이에게 좋은 가정환경을 만들어 주지 못한 것 같아 미안한 마음이 앞섭니다.

주님! ○○(이)를 긍휼히 여기셔서 정서적 안정을 찾을 수 있도록 도와주옵소서. 사랑받기 위해 태어난 아이, 천덕꾸러기가 되지 않게 도와주옵소서.

주님! 부모로서 부족함이 너무 많습니다. 주님이 빚으시면 분명히 사랑받는 아이로, 칭찬 듣는 아이로 성장하게 될 것을 믿습니다. ○○(이)의 생각을 붙들어 주시고, 마음을 붙들어 주세요.

예수님의 이름으로 축복하며 기도합니다. 아멘

혼자 있기 좋아할 때

나를 사랑하는 자들이 나의 사랑을 입으며
나를 간절히 찾는 자가 나를 만날 것이니라(잠 8:17)

사랑의 주님!

우리 ○○(이)를 축복합니다. ○○(이)가 늘 혼자 있기 좋아합니다. 또래들과 어울려 같이 놀기도 하고, 때로는 다투는 모습도 있어야 하는데, 늘 혼자 있기를 좋아합니다. 혼자서 노는 것도 잘 하고, 게임도 잘하고 공부도 잘하지만, 다른 친구와 어울리기 싫어하는 아이의 모습을 보며, 이러다 대인기피증이 생기는 것은 아닐까 걱정스런 생각이 가슴을 두근거리게 합니다. 미리 앞서서 걱정할 필요야 없겠지만 훗날, 성인이 되어 사회생활에 적응하지 못한다면 아이의 인생에 이보다 더 심각한 일이 어디 있겠습니까?

주님! ○○(이)가 자신이 만들어 놓은 틀 안에 갇혀 사는 아이가 되지 않기 원합니다. 자신의 취향대로만 생각을 심는 아이가 되지 않기 원합니다. 밖을 내다 볼 줄 아는 아이가 되게 하여 주시고, 남과 어울릴 줄 아는 아이가 되게 하여 주옵소서. 교회도, 단지 예배만 드리고 오는 것이 아니라, 다른 친구들과 오래도록 어울려서 장난도 치고 놀이도 할 수 있도록 이끌어 주옵소서.

○○(이)의 성격을 변화시켜 주옵소서. ○○(이)의 좁은 마음을 열어주옵소서.

예수님의 이름으로 축복하며 기도합니다. 아멘

게임을 너무 좋아할 때

> 청년이 무엇으로 그 행실을 깨끗하게 하리이까
> 주의 말씀만 지킬 따름이니이다(시 119:9)

사랑의 주님!

우리 ○○(이)를 축복합니다. ○○(이)가 컴퓨터 게임 중독에 걸려 있는 것 같습니다.

한참 배우고 익혀야 할 시기에 공부는 뒷전이고, 오로지 게임하는 것에만 매달려 있는 아이를 볼 때, 부모로서 아이의 장래를 걱정하지 않을 수 없습니다. 야단을 치고, 매를 들어보지만 그때뿐입니다. 이제는 반항하고 대들기까지 합니다. 아이가 점점 이성을 잃어가고 있는 것 같아 너무나 안타깝고 두렵기까지 합니다.

오, 주여! 어찌해야 합니까? ○○(이)가 어릴 때부터 건전한 습관에 길들여 질 수 있도록 지도해 주었어야 했는데 그렇게 하지 못한 부모의 책임이 매우 큼을 깨닫습니다. 이 죄인을 용서하여 주옵소서.

주님! ○○(이)의 영혼을 불쌍히 여겨 주옵소서. ○○(이)의 영혼을 붙들어 주옵소서. 정신과 마음이 황폐화 될까 두렵사오니 고쳐주시기 원합니다. 더 이상 게임에 마음이 끌리지 않도록 ○○(이)의 마음에 성령을 기름 붓듯 부어 주옵소서. 주님을 사모하고, 주님을 간절히 찾을 수 있는 아이가 되게 하여 주옵소서.

주님의 치유하심을 소망하오며 예수님의 이름으로 축복하며 기도합니다. 아멘

사춘기를 겪고 있을 때

하나님이 이르시되 저가 나를 사랑한즉 내가 그를 건지리라
그가 내 이름을 안즉 내가 그를 높이리라(시 91:14)

사랑의 주님!

우리 ○○(이)를 축복합니다. 지금 ○○(이)가 사춘기를 겪고 있습니다. 많이 흔들리고 있습니다. 가기 좋아하던 예배도 가기 싫다고 짜증을 내고, 하기 좋아하던 특기 활동도 하기 싫다고 투정을 부리고 있습니다.

말붙이기 무섭게 쏘아붙이지를 않나, 어떤 때는 방문을 걸어 잠그고 꼼짝도 않고 있습니다. 지뢰밭 같이 악이 득세하는 세상인지라 혹시나 불량스런 친구 꾐에 빠져 엉뚱한 길로 접어들지는 않을까 걱정이 앞섭니다.

주님! 사랑하는 ○○(이)가 인생에 한번은 거쳐야할 이 사춘기를 잘 이겨나갈 수 있도록 도와주옵소서. 성격이 비뚤어지거나 잘못된 것에 손을 대지 않도록 그 마음을 붙들어 주옵소서.

주님의 지혜를 부어 주셔서 마음이 답답할 때 기도할 수 있게 하시고, 생각이 어수선 할 때 말씀을 묵상할 수 있게 하옵소서. 전과 같이 친구들과 건전한 교제가 이루어지게 하시고, 다시 즐거운 교회 생활이 회복 될 수 있도록 이끌어 주옵소서. 주님이 ○○(이)의 앞길을 지도하시고 붙드실 것을 믿습니다.

예수님의 이름으로 축복하며 기도합니다. 아멘

수렁에 빠져 있을 때

> 나를 기가 막힐 웅덩이와 수렁에서 끌어올리시고
> 내 발을 반석 위에 두사 내 걸음을 견고하게 하셨도다(시 40:2)

사랑의 주님!

우리 ○○(이)를 축복합니다. ○○(이)를 깊은 수렁에서 건져주소서. 설마 했었는데, 설마가 현실이 되어버리고 말았습니다. 정말 제 아이가 이렇게 될 줄은 꿈에도 생각해 보지 않았습니다. 그렇게 착한 아이였는데, 내성적이었지만 부모의 말에 한 번도 토를 단적이 없던 아이였는데, 너무나 대견하고 믿음직스런 아이였는데, 이제는 제 폐부를 찌르고 가슴을 저미게 만듭니다.

주님! 사랑하는 ○○(이)와 연락이 닿지 않고 있습니다. 어디서 무얼 하고 있는지 불안하기만 합니다. 잠을 이룰 수도 음식을 먹을 수도 없습니다. 전화벨 소리가 요즘처럼 반갑게 느껴진 적이 없는 것 같습니다. 혹시 문자라도 남기지 않을까 핸드폰을 수십 번 확인하게 됩니다.

주여! 사랑하는 ○○(이)를 불쌍히 여겨 주옵소서. 모든 것이 제 책임입니다. 제가 너무 아이에게 무관심했습니다. 모든 것이 제 잘못입니다.

사랑하는 ○○(이)를 수렁에서 건져주세요. 어둔 곳에서 방황하지 않도록 도와주세요. 마음을 돌이킬 수 있도록 이끌어 주세요. ○○(이)의 심령에 주의 빛을 강하게 비쳐주옵소서. 오, 주여! 불쌍히 여겨 주세요.

예수님의 이름으로 축복하며 기도합니다. 아멘

괴로워하고 있을 때

> 여호와는 마음이 상한 자를 가까이 하시고
> 충심으로 통회하는 자를 구원하시는도다(시 34:18)

사랑의 주님!

○○(이)를 축복합니다. ○○(이)가 괴로워하고 있습니다. 성적문제 때문이지, 친구문제 때문인지, 진로문제 때문인지, 무엇 때문에 저토록 괴로워하는지 이유를 모르겠습니다. 답답하여 이유를 물어보니 "몰라도 돼요!" 한마디 내뱉는 것이 전부입니다. 생기 없는 아이의 모습을 마냥 지켜보고만 있자니 제 마음도 무겁기만 합니다.

주여! 사랑하는 ○○(이)에게 주님이 직접 찾아가 주옵소서. 뭔지 모를 고민에 휩싸여 있는 저 아이를 불쌍히 여겨 주옵소서. 삭이고 감추고픈 상처가 있으면 주님이 치유하여 주시고, 말 못할 고민이 있으면 주님이 풀어 주옵소서.

저 어린 가슴에 생채기가 나지 않게 하옵소서. 저 여린 가슴에 슬픔이 담겨지지 않게 하옵소서. 모난 마음 풀어 주시고, 닫힌 가슴 열어주옵소서.

주님! 어두운 ○○(이)의 심령에 주의 밝은 빛을 비추셔서 그늘진 얼굴에 생기가 돌게 하옵소서. 주님께 맡깁니다.

예수님의 이름으로 축복하며 기도합니다. 아멘

낙심하고 있을 때

상심한 자를 고치시며 그들의 상처를 싸매시는도다(시 147:3)

사랑의 주님!

우리 ○○(이)를 축복합니다. ○○(이)가 자신이 노력한 결과대로 되지 않아 낙심하고 있습니다. 의욕을 잃은 채 풀죽어 있는 아이가 너무나 안쓰러워 보입니다. 이번에 기대했던 것이 너무나 컸었나 봅니다. 이번엔 꼭 좋은 결과를 얻으리라 확신했던 모양입니다.

부모인 저도 그랬었습니다. 밤잠을 자지 못하며 최선을 다하는 아이의 모습을 볼 때 반드시 좋은 결과를 얻을 수 있으리라 믿었습니다. 그러나 이런 결과를 대하고 보니 아이의 마음도 힘들고 괴롭겠지만 저도 적잖은 마음의 부담을 갖습니다. 하지만 어찌합니까. 결과를 수용할 수밖에요.

주님! 사랑하는 ○○(이)의 마음을 달래주옵소서. 바라던 결과를 얻지 못했어도 최선을 다한 것으로 부끄러워하지 않는 아이가 되게 하여 주옵소서. 다시 일어설 수 있는 힘을 주시고 다시 도전할 수 있는 용기를 주옵소서.

그리고 이럴 때일수록 주님을 더욱 의지할 수 있는 아이가 되게 하여 주옵소서. 주님을 더욱 바라볼 수 있는 아이가 되게 하여 주옵소서.

예수님의 이름으로 축복하며 기도합니다. 아멘

교회를 멀리할 때

하나님께 가까이 함이 내게 복이라
내가 주 여호와를 나의 피난처로 삼아
주의 모든 행적을 전파 하리이다(시 73:28)

사랑의 주님!

우리 ○○(이)를 축복합니다. ○○(이)가 교회를 멀리 하려고 하는 것 같습니다. 저는 아이가 교회를 잘 다니는 줄 알고 있었는데, 어느 날, 담당선생님으로부터 듣게 된 말은 제게 너무나 충격이었습니다. 예배에 자주 빠진다는 거였습니다. 그것도 퍽 오래 되었다는 것입니다. 집에서는 분명히 교회 간다고 나가는 아이였는데, 헌금하라고 헌금까지 손에 쥐어 보냈는데, 아이가 저를 속이고 있었다는 것을 생각하니 너무나 속상합니다.

주님! 아직 철이 없어서 그럴 수도 있겠지만, 부모를 속이는 습관이 길들여진다면 얼마나 끔찍한 일입니까? 또한 주님을 멀리하는 습관에 길들여진다면 얼마나 불행한 일입니까? 헌금을 함부로 다루는 습관이 생긴다면 얼마나 안타까운 일입니까?

오, 주여! 사랑하는 ○○(이)의 생각과 마음을 붙들어 주옵소서. ○○(이)의 손과 발을 붙들어 주옵소서. 악인의 꾀를 좇지 않게 하옵소서. 죄인의 자리에 서지 않게 하옵소서. 인생의 중요한시기에 악습관에 길들여지지 않도록 붙들어 주옵소서. 예배의 사람으로 다듬어 질 수 있도록 도와주옵소서. 주님을 사랑하고 사모할 수 있는 마음을 주옵소서.

예수님의 이름으로 축복하며 기도합니다. 아멘

반항심이 심할 때

**대저 명령은 등불이요 법은 빛이요
훈계의 책망은 곧 생명의 길이라(잠 6:23)**

사랑의 주님!

우리 ○○(이)를 축복합니다. 부모의 말이라면 거역치 않고 복종하던 온순한 아이가 반항합니다. 대들듯이 쏘아붙이는 아이의 반항 앞에서 저는 너무 어안이 벙벙하여 할 말을 잃어버렸습니다. 순간 하늘은 노래졌고, 눈앞은 캄캄해져 아무것도 보이지 않았습니다. 무엇을 야단치려다 이지경이 되었는지, 아무것도 생각나지 않습니다.

그저 충격일 뿐입니다. 뛰쳐나가는 아이의 뒷모습을 보며 넋 나간 듯, 물끄러미 보고 있어야만 했습니다.

주님! 제가 아이에게 야단친 것이 너무 심했던 것일까요? 제가 아이를 너무 윽박질렀던 것일까요? 저는 오늘 아이의 돌변한 태도에 당혹감을 감추지 못했습니다.

오, 주여! 사랑하는 ○○(이)가 잘못되어가는 것은 아니겠지요? 어쩌다 한번 울컥하는 마음으로 그런 것이겠지요? 앞으로 어떻게 아이를 다뤄야할지 두려운 마음이 앞섭니다.

오, 주여! 제게 아이를 노엽게 하지 않고 훈계할 수 있는 지혜를 주옵소서. 부모의 권위에 순복할 줄 아는 아이가 되게 하옵소서. 오늘과 같은 일이 다시는 반복되지 않기를 소원합니다.

예수님의 이름으로 축복하며 기도합니다. 아멘

따돌림 당하거나 왕따 당할 때

여호와의 눈은 의인을 향하시고
그의 귀는 그들의 부르짖음에 기울이시는도다(시 34:15)

오! 주님.

우리 ○○(이)를 축복합니다. ○○(이)가 왕따를 당하는 것 같습니다. 학용품이나 용돈을 뺏기고 오는 일이 일쑤이고 매 맞는 일이 너무 잦습니다.

심성이 착한 아이인데, 양보심 많은 아이인데, 남을 배려할 줄 아는 아이인데, 왜 이런 아이가 왕따를 당하는지 도무지 이해할 수 없어요.

화가 나서, 도무지 참을 수 없어서 학교로, 부모들의 집으로 달려가고 싶었지만, 나중에 더 심하게 당하는 것은 아닐까 겁이 나서 분노의 감정을 꺾고 말았습니다.

주여! 사랑하는 ○○(이)가 너무 너무 괴로워합니다. 학교에 가기를 두려워합니다. 사람 대하기를 두려워합니다. 늘 당하고만 있는 자신이 미운 모양입니다. 전학을 갔으면 하지만 다른 곳으로 이사 갈 형편도 되지 않습니다.

주여! 우리 ○○(이)를 불쌍히 여겨 주옵소서. 방법이 보이지 않습니다. 주님이 도우셔야 합니다. 고통을 부르는 친구들의 언어가 닫혀 지게 하시고, 이유 없이 괴롭히는 친구들의 마음을 변화시켜 주옵소서. 사랑에 눈멀게 하시고, 우정의 새싹이 돋게 하옵소서. 주여! 도와주소서.

예수님의 이름으로 축복하며 기도합니다. 아멘

변덕이 심할 때

**여호와를 의지하는 자는
시온 산이 흔들리지 아니하고 영원히 있음 같도다(시 125:1)**

사랑의 주님!

우리 ○○(이)를 축복합니다.

주님, ○○(이)가 변덕이 심한 것 같습니다. 생각이 자주 바뀌고, 마음이 자주 변하는 것 같습니다.

주님! ○○(이)의 변덕스러움을 고쳐주세요. 변덕스러움 때문에 실없는 아이가 되면 안 되잖아요? 사람에게 불쾌감을 던져주는 아이가 되면 안 되잖아요? 신임을 얻지 못하는 아이가 되면 안 되잖아요?

변덕스러움 때문에 자기의 설자리를 잃어버리고 조롱과 비웃음을 받는 아이가 되면 안 되잖아요? 변덕스러움 때문에 친구를 잃고 사람을 잃는 아이가 되면 안 되잖아요?

주님! 사랑하는 ○○(이)의 변덕스러움을 고쳐주세요. 지키지 못할 헛된 맹세를 함부로 하지 않게 하시고, 정한 뜻에 진득함을 심을 수 있는 아이가 되게 하여 주세요.

결과가 주어지기 까지 생각과 마음에 인내를 담아낼 수 있는 아이가 되게 하여 주옵소서. 주님께도 진실함과 성실함으로 쓰임 받을 수 있는 아이가 되게 하여 주옵소서.

예수님의 이름으로 축복하며 기도합니다. 아멘

방황할 때

> 나의 발걸음을 주의 말씀에 굳게 세우시고
> 어떤 죄악도 나를 주관하지 못하게 하소서 (시 119:133)

사랑의 주님!

우리 ○○(이)를 축복합니다. ○○(이)가 방황하고 있습니다. 회개할 것이 없는 아흔 아홉이 있어도 죄 짓고 방황하는 한 영혼을 잊지 않고 기다리시는 주님이심을 믿습니다.

아이가 방황하는 것은 전적으로 이 못난 부모 때문인 것을 믿습니다. 아이가 품안에 있을 때, 진지한 관심을 보이지 못했던 이 못난 죄인을 용서하여 주옵소서.

주님! 가정을 떠나 방황하는 아이를 생각할 때마다, 마음이 몹시 아파옵니다. 방황하는 아이를 불쌍히 여겨 주옵소서. 부모로서 어찌해볼 도리가 없어 주님의 손에 전적으로 맡깁니다. 그 아이를 주님이 설득하여 주옵소서.

한없으신 사랑으로 그 아이의 마음을 덮어주셔서 완악함이 녹아지게 하시고, 그 어두운 영혼에 주님의 밝은 빛을 비추어주셔서 흑암에서 건지시옵소서. 그 아이의 눈을 밝혀 주셔서 자신이 가고 있는 길이 멸망의 길임을 보게 하옵소서.

택한 자를 결코 버리지 아니하시는 주님이심을 믿습니다. 예전과 같이 주님을 경외하며, 믿음의 길을 잘 달려갈 수 있도록 이끌어 주옵소서.

사랑하는 ○○(이)가 젊을 때, 주님을 위하여 아름답게 쓰임 받는 도구가 되게 하여 주옵소서.

예수님의 이름으로 축복하며 기도합니다. 아멘

장애가 있을 때

> 이 백성은 내가 나를 위하여 지었나니
> 나를 찬송하게 하려 함이니라 (사 43:21)

사랑의 주님!

우리 ○○(이)를 축복합니다. ○○(이)에게 장애가 있는 것 잘 아시지요? 처음에는 하늘이 무너지는 것 같은 충격을 받았지만 저희 가정에 장애아를 주신 주님의 섭리가 계심을 믿고 잘 키우고 있습니다. 그러나 정상적인 아이들도 왕따를 당하는 세상인데, 또래들에게 놀림을 당하지는 않을까 염려가 앞섭니다.

주님! 혹 놀림을 당하는 일이 있다 할지라도 깊은 상처가 되지 않도록 주님이 그때그때 아이의 마음을 만져 주세요.

아이가 장애를 안고 살다보면 답답할 때도 많을 것입니다. 때로는 비참하게 느껴질 때도 있을 것입니다. 우수어린 눈물도 흘릴 때가 있을 것입니다. 그때마다 주님이 다정한 친구가 되어 주셔서 위로하여 주시고, 용기를 주세요.

정상적인 아이에 비하여 한없이 부족하지만 저 나름대로 하나하나 이루어 내려고 하는 것을 볼 때, 저희는 잔잔한 감동을 얻습니다. 그리고 대견한 마음도 들고요. 주님이 빚으신 아이이기에 주님의 도구로 귀하게 쓰실 것을 믿습니다.

사랑하는 ○○(이)를 위하여 더 많이 기도하고, 더 많이 희생하겠습니다. 늘 주님께 감사할 수 있도록 인도하여 주세요. 예수님의 이름으로 ○○(이)를 축복하며 기도합니다. 아멘

놀림을 당할 때

> 야곱아 이스라엘아 이 일을 기억하라
> 너는 내 종이니라 내가 너를 지었으니 너는 내 종이니라
> 이스라엘아 너는 나에게 잊혀지지 아니하리라(사 44:21)

사랑의 주님!

우리 ○○(이)를 축복합니다. 장애를 안고 있는 아이이기에 상처를 받는 일이 발생되지는 않을까 마음 조였는데, 드디어 올 것이 오고야 말았습니다. 철없는 친구들로부터 놀림을 당했나 봅니다.

부모인 저도 마음이 찢어지고 속상한데, 아이의 마음이야 오죽하겠습니까? 괴로운 아이의 마음, 주님의 너른 가슴으로 품어주시고 위로하여 주옵소서.

주님! 지금껏 살아온 날보다 앞으로 살아야 할 날이 더 많은 아이입니다. 육체의 장애가 정신의 장애로 이어지지 않도록 주님의 놀라우신 지혜로 함께 하시고, 성격이나 성품이 비뚤어지지 않도록 이끌어 주옵소서. 조금씩 철이 들면서 장애도 주님이 주신 귀한 은사임을 깨닫게 하시고, 주님이 주신 목적에 이끌려 살 수 있도록 도와주옵소서.

장애는 불편한 것이지 불행한 것이 아님을 깨닫게 하시고, 성장할수록 주님의 섭리를 깨달아 알 수 있도록 인도하여 주옵소서.

늘 그랬듯이, 사랑하는 ○○(이)를 위하여 주님 앞에 마음을 쏟겠습니다. 영혼을 쏟으며 기도하겠습니다. 주님께 아름답게 쓰임 받는 그릇이 되게 하여 주옵소서. 예수님의 이름으로 ○○(이)를 축복하며 기도합니다. 아멘

사고를 쳤을 때

> 주께서 그들을 주의 은밀한 곳에 숨기사
> 사람의 꾀에서 벗어나게 하시고
> 비밀히 장막에 감추사 말다툼에서 면하게 하시리이다(시 31:20)

사랑의 주님!

우리 ○○(이)를 축복합니다. ○○(이)가 사고를 쳤습니다. 어찌하면 좋습니까?

모든 것이 제 잘못입니다. 제가 잘못 키웠고, 제가 잘못 가르친 까닭입니다. 아이가 더러운 행실에 물들지 않도록 더욱 기도했어야 했는데, 어리석은 생각에 젖지 않도록 엄하게 지도했어야 했는데, 숨 가쁘게 살다보니 아이에게 관대하고 무심했던 것이 사실입니다. 모든 것이 저의 어리석음으로 빚어진 일입니다. 이 죄인을 꾸짖어 주옵소서.

주님! ○○(이)가 사고를 쳤지만, 아이의 앞날을 걱정하지 않을 수 없습니다. 죄에 포로가 되어 어리석음을 담아낸 아이를 불쌍히 여겨 주옵소서.

아이도 많이 뉘우치고 있습니다. 많이 회개하고 있습니다. 주님의 은총을 거두지 마옵소서. 지은 죄, 응당히 대가를 치러야 하지만, 지은 죄 말갛게 씻겨주시고, 죄에 사로잡혔던 심령에 은혜의 단비를 내려 주옵소서.

주님! ○○(이)에게나 저에게 한 번만 더 기회를 주옵소서. 죄를 구별하며 살 수 있도록 이끌겠습니다. 아이의 영혼을 위하여 더 많이 기도하고 엎드리는 삶을 살겠습니다. 용서하여 주시고 긍휼을 베풀어 주옵소서. 주님의 은총을 바라보며 예수님의 이름으로 기도합니다. 아멘

죄 값을 치루고 있을 때

> 그들을 주신 내 아버지는 만유보다 크시매
> 아무도 아버지 손에서 빼앗을 수 없느니라(요 10:29)

사랑의 주님!

우리 ○○(이)를 축복합니다. ○○(이)가 죄 값을 치루고 있습니다. 악을 향해 치달았던 지난날을 돌아보며 많이 뉘우치고 있습니다. 매주 받아보는 몇 통의 편지 속에서도 늘 회개를 담고 있는 내용을 발견합니다.

잘못을 뉘우치고 있는 아이의 마음을 헤아려보며, 저도 주님께 회개할 것이 많은 죄인임을 깨닫습니다. 아이가 구속되는 순간 죄 값을 치룰 자는 정작 저 자신임을 절감했습니다.

아이가 좀 더 좋은 환경에서 성장했더라면, 좀 더 잘난 부모를 만났더라면, 어리석은 아이가 되지 않았을 것입니다. 따라서 죄 값을 받아야 할 자는 저 자신입니다.

주님! 부모의 역할에 충실하지 못했던 이 죄인을 용서하여 주옵소서. 아이가 성경을 많이 본다고 합니다. 말씀을 대할 때마다, 아직도 그 속에 꿈틀거리고 있는 죄악의 덩어리들을 걸러내 주시고, 새사람으로 거듭나게 하옵소서.

더없이 초라해진 아이의 모습, 주님을 찬송하고 기도할 때마다 그곳이 훈훈하고 더운 성령의 전이 되게 하옵소서. 한편강도의 진실한 고백을 들으시고 천국을 허락하신 것처럼, 사랑하는 ○○(이)의 심령에도 낙원이 찾아오게 하옵소서.

예수님의 이름으로 축복하며 기도합니다. 아멘

너무 아플 때

> 내 이름을 경외하는 너희에게는
> 공의로운 해가 떠올라서 치료하는 광선을 비추리니
> 너희가 나가서 외양간에서 나온 송아지 같이 뛰리라(말 4:2)

치료하시는 주님!

우리 ○○(이)를 축복합니다. ○○(이)가 많이 아픕니다. 아이가 감당하기엔 너무 벅찬 질병이 아닌가요? 아이는 그 흔한 감기정도로 알고 있어요. 질병이 뭔지도 모르는 아이가 짊어지기에 너무나 무거운 멍에가 아닌가요? 저 어린 몸에 어쩌다 이 같은 무서운 질병이 찾아 왔는지 너무 야속하기만 합니다.

주님! 제에게 내리실 징계를 아이에게 내리시는 것이라면 지금 속히 거두시고 저를 징계하여 주세요. 아이를 사랑하였지만 아이가 우상은 아니었습니다. 어떻게든 신앙으로 잘 양육하려고 힘쓴 것밖에는 없는 것 같은데, 무지한 이 영혼, 주님의 뜻이 무엇인지 깨닫기 어렵습니다.

주님! 사랑하는 ○○(이)를 한 번만 살려주세요. 지금은 너무 이르잖아요. 꿈이 많은 아이입니다. 그 꿈을 꺾지 말아주옵소서. 회당장 야이로의 딸을 살리시고, 나인 성 과부의 아들을 살리신 그 능력의 손길을 저 어린 몸에 얹어주옵소서. 주님을 사랑하는 아이입니다. 예배드리기를 기뻐하는 아이입니다. 저 어린영혼의 신음을 기억하옵소서. 능력의 손을 펴서 고쳐주옵소서. 치료의 손길을 거두지 않으시는 예수님의 이름으로 기도합니다. 아멘

수술대에 오르게 되었을 때

> 그의 모든 뼈를 보호하심이여
> 그중에서 하나도 꺾이지 아니하도다 (시 34:20)

사랑의 주님!

우리 ○○(이)를 축복합니다. ○○(이)가 수술대에 오르게 되었습니다.

주님도 제 마음 같으시겠죠? 어린 것이 수술을 잘 견뎌 낼 수 있을까? 두렵고 떨립니다. 아이도 그럴 것입니다. 저 어린 손을 꼭 붙들어 주옵소서. 평안의 마음을 주시고, 용기를 주옵소서.

주님! 결코 있어선 안 될 일이지만, 요즘 의료사고가 많습니다. 순간 실수로 돌이킬 수 없는 아픔이 주어지지 않기를 원합니다. 수술을 집도하는 의사의 손길을 붙드시고 지혜와 인술의 능력을 더하여 주옵소서.

어린 생명이 자신의 손끝에 달려있음을 잊지 않게 하시고, 최선을 다하여 수술에 임할 수 있도록 체력과 집중력을 더하여 주옵소서.

주님! 좋은 결과를 소망합니다. 수술이 잘되게 하여 주시고, 주님께 말로다 형언키 어려운 감사의 고백을 드리게 하옵소서.

이제는 ○○(이)가 더 이상 이 질병으로 고통 받지 않기를 원합니다. 건강한 육체와 온전한 정신으로 주님을 잘 섬길 수 있도록 축복하옵소서.

치료하시는 예수님의 이름으로 기도합니다. 아멘

희귀병을 앓고 있을 때

> 그가 찔림은 우리의 허물 때문이요
> 그가 상함은 우리의 죄악 때문이라
> 그가 징계를 받으므로 우리는 평화를 누리고
> 그가 채찍에 맞음으로 우리는 나음을 받았도다 (사 53:5)

사랑의 주님!

우리 ○○(이)를 축복합니다.

○○(이)가 희귀병을 앓고 있습니다. 어린 것이 감당하기엔 너무나 벅찬 질병입니다. 언제 어떻게 될지 모르기에, 매 순간 가슴조이며 살고 있습니다.

하루에도 몇 번씩, 가슴 철렁할 때가 있습니다. 표현할 줄도 모르는 아이가 고통에 못 이겨 손을 바르르 떨 때, 제 몸은 사정없이 오그라들고 맙니다.

주여! 사랑하는 ○○(이)의 질병을 치료하여 주세요. 이 질병을 치료하실 이는 주님밖에는 없습니다. 이젠 저도 지쳐갑니다. 생활도 엉망이 되어버렸어요. 아이와 함께 죽어버릴까 생각도 해보았지만 주님이 주신 생명, 함부로 할 수 없잖아요. 무너질 것 다 무너졌어요. 너무 힘들어 견딜 수 없어요.

단 한번이라도 주님의 은혜의 바다에 눕게 해주세요. 단 한번이라도 생명의 강가에서 뛰놀게 해주세요. 헤아릴 수 없는 주님의 도우심을 찬양할 수 있게 해주세요. 끔찍이 사랑하시는 주님의 체취를 느끼고 싶습니다.

이 깊은 절망감, 희망으로 꽃피게 하여 주세요. 평화를 누리게 하여 주세요. 치료의 손길을 거두지 않으시는 예수님의 이름으로 기도합니다. 아멘

시한부 선고를 받았을 때

> 상한 갈대를 꺾지 아니하며
> 꺼져가는 심지를 끄지 아니하기를
> 심판하여 이길 때까지 하리니…(마 12:20)

못 고칠 질병이 없으신 주님!

우리 ○○(이)를 축복합니다. 저 어린 것이 질병의 고통 속에서 신음하고 있습니다. 병상의 생활에 지친 아이가, 바깥 세상이 그리워 빨리 집으로 가자고 떼를 쓸 때, 그 부탁을 들어줄 수 없는 제 마음이 너무 답답하기만 합니다. 자신에게 죽음의 그림자가 드리워진 줄도 모르고 먹고 싶은 것 못 먹고, 하고 싶은 것 못한다고 투정하는 아이를 보면 가여워 견딜 수가 없습니다.

아시죠? 주님. 사랑하는 ○○(이)에게 제가 너무 부족한 부모였다는 것, 저는 아이의 그 소박한 욕구도 충족시켜 주지 못한 부모였습니다. 지금도 아이의 질병 보다는 쌓여가는 병원비를 걱정하고 있는 옹색하고 치졸한 부모입니다. 제 처지와 형편이 이렇습니다.

주님! 매일 눈물로 밥을 삼고 있습니다. 저 아이의 생명만 꺼져가고 있는 것이 아니라 제 생명도 꺼져가고 있는 것 같습니다. 그저, 꺼져가는 아이의 생명을 우두커니 지켜보고만 있어야 하는 것일까요? 아이가 살 수 있는 길이 없을까요?

주님! 간절히 구하오니 사랑하는 ○○(이)를 살려주옵소서. 제 평생에 최대의 소원이자 마지막 소원입니다. 지체하지 마옵소서. 사망의 그늘에서 건져 주옵소서. 죽은 자도 살리시는 예수님의 이름으로 기도합니다. 아멘

불치병으로 투병하고 있을 때

> 내 영혼아 네가 어찌하여 낙망하며 어찌하여 내 속에서 불안해 하는가
> 너는 하나님께 소망을 두라 나는 그가 나타나 도우심으로 말미암아
> 내 하나님을 여전히 찬송하리로다(시 42:11)

오, 주여!

우리 ○○(이)를 축복합니다. 의사는 더 이상 가망이 없다고 ○○(이)의 생명을 포기하라고 하지만 저는 포기할 수 없습니다. 주님은 저희를 포기하지 않으시고 죄에서 구원해주셨잖아요? 주님과 같이 그 어떤 희생의 대가를 치른다 할지라도 저는 절대로 포기하지 않겠습니다. 그것이, 포기하지 않는 주님을 닮는 것이 아닌가요?

오, 주여! 저는 정말 포기할 수 없습니다. 어떻게 얻은 아이입니까? 아주 오랫동안 잉태하지 못하다가 나중에야 웃게 하신 주님의 선물 아닙니까? 제 생명과도 바꿀 수 없는 아이입니다.

더 이상 제게는, 그 어떤 욕심도 그 어떤 소망도 없습니다. 아이를 살리는 것뿐입니다. 건강하지 않아도 좋습니다. 장애를 갖고 살아도 좋습니다. 살려만 주옵소서. 다른 희생은 다 감당하겠습니다. 절대로 후회하지 않겠습니다. 생명만이라도 붙어있게 하옵소서.

주님! ○○(이)도 주님이 뜻하신 섭리 하에 주신 아이 아닙니까? 사랑받으라고 태어난 아이가 아닙니까? 죽기까지 사랑하심으로 구원을 주신 그 은혜 한 번만 더 내려 주세요. 생명의 강가에서 뛰놀게 하여 주세요. 죽은 자도 살리시는 예수님의 이름으로 기도합니다. 아멘

죽음의 이별을 앞두고 있을 때

하나님이 내 영혼을 건지사 구덩이에 내려가지 않게 하셨으니
내 생명이 빛을 보겠구나 하리라(욥 33:28)

상한심령을 싸매시는 주님!

우리 ○○(이)를 축복합니다. 저는 오늘도 ○○(이)를 보며 웁니다. 꺼져가는 아이의 생명을 보며 아무것도 할 수 없는 무능력함을 주님 앞에 내려놓으며 오늘도 통곡합니다.

이제는 흘릴 눈물도 말라버렸고, 통곡하는 것도 심한 통증으로 자리 잡습니다. 이렇게 거두어 가실 걸 왜 주셨습니까? 부모에게, 산고의 고통보다도 아이와 생이별해야 하는 고통이 가혹한 형벌이라는 것을 주님은 아시잖아요. 주님의 십자가의 주검 앞에서 시신을 끌어안고 통곡하던 어머니 마리아의 절규를 기억하시지요? 저도 그럴 것입니다.

주님! 제 욕심일지는 몰라도 이대론 보낼 수 없습니다. 제 생명과 맞바꾸어서라도 살릴 수만 있으면 살리고 싶습니다. 살릴 수 있는 길을 열어 주옵소서. 생명을 연장 시킬 수 있는 길을 열어주옵소서.

아이의 신음에만 귀 기울이지 마시고, 제발, 아이를 일으켜 주옵소서. "달리다굼" 축복하옵소서. 살리셔야 합니다. 반드시 살리셔야 합니다. 지금 ○○(이)의 소망을 꺾지 마옵소서. 제 소망을 꺾지 마옵소서. "할 수 있거든 이 무슨 말이냐 믿는 자에게는 능치 못함이 없느니라" 선언하옵소서. 오, 주여! 살려주옵소서. 예수님의 이름으로 간절히 기도합니다. 아멘

하늘나라로 보냈을 때

주신 이도 여호와시요 거두신 이도 여호와시오니
여호와의 이름이 찬송을 받으실지니이다(욥 1:21)

자비로우신 주님!

오늘 ○○(이)를 가슴에 묻었습니다. 가슴에 묻어야 하는 부모의 심정 주님은 아시지요? 아이를 떠나보낼 때 주님과도 이별하고 싶은 마음이 들었습니다. 그런데 갈 데가 없어 이렇게 초라한 모습으로 주님을 다시 찾게 되는군요.

주님! 솔직히 주님을 원망하러 왔어요. 주님께 투정부리려고 왔어요. 주님이 너무 야속해요. 그토록 주님께 매달렸는데, 부모의 죄 때문인 것 같아 그렇게 참회하며 회개 했는데, 이게 뭔가요. 많은 사람들이 위로를 하지만, 저는 그 위로가 귀에 하나도 들어오지 않아요. 단지, 위로받으면 해결 될 문제가 아닌 것을 주님은 잘 아시지요?

주님! 저는 이제 어떻게 살아야 하지요? 너무 견디기 어려워요. 너무나 슬프고, 너무나 괴로워요. 세월이 가면 언젠가는 저에게 가장 슬픈 사건이 슬픈 사연으로만 기억되겠지요. 그러나 지금은 삶의 의욕을 잃어버렸습니다. 모든 것이 허무하고 귀찮습니다.

주님! 사랑하는 ○○(이)가 보고 싶습니다. 죽도록 보고 싶습니다. 지친 제 영혼을 불쌍히 여겨 주옵소서. 제 마음 아시지요? 예수님의 이름으로 기도합니다. 아멘

갑작스런 사고로 잃었을 때

> 여호와께서 사람의 걸음을 정하시고 그의 길을 기뻐하시나니
> 그는 넘어지나 아주 엎드러지지 아니함은
> 여호와께서 그의 손으로 붙드심이로다 (시 34:23,24)

긍휼히 여기시는 주님!

오늘 ○○(이)를 주님께 보내드리며 저는 가슴에 묻었습니다. 아이가 쓰던 의자에 앉아 책상에 놓인 아이의 얼굴을 보고 있자니 서럽고 서글픈 마음에 눈물만 하염없이 흘러 내립니다.

주님! 저는 이렇게 이별을 실감할 수 없는데, 그렇게 급하셨는지요. 갑작스런 ○○(이)와의 이별을 어떻게 받아들여야 할지 모르겠어요. 아이로 인하여 행복해하던 제 작은 기쁨이 그렇게 지나쳐 보였나요? 아이에게 기대를 걸었던 제 작은 소망이 그렇게 큰 욕심이었을까요? 제게 남아있는 아이의 흔적을 어떻게 정리해야 하지요? 제 품에 묻어 있는 아이의 체온을 어떻게 식혀야 하지요?

주님! 신앙인이기에 자신을 속이면서까지 애써 태연한척 하고 싶지 않습니다. 사랑하는 ○○(이)를 잃은 심정이 어떻다는 것을 주님은 잘 아시잖아요. 저는 지금 충격이 너무 커요. 솔직히 제정신이길 원치 않습니다.

아! 주님, 주님의 뜻이 무엇인가요? 침묵하지 마세요. 마음을 추스를 수 있도록 주님의 음성을 들려주옵소서. 떨리는 이 영혼을 품어주옵소서.

예수님의 이름으로 기도합니다. 아멘

성경이 말하는 부모의 의무

말씀을 가르칠 것

"네 자녀에게 부지런히 가르치며 집에 앉았을 때에든지 길에 갈 때에든지 누웠을 때에든지 일어날 때에든지 이 말씀을 강론할 것이며"(신 6:7)

"또 그것을 너희의 자녀에게 가르치며 집에 앉았을 때에든지, 길을 갈 때에든지, 누워 있을 때에든지, 일어날 때에든지 이 말씀을 강론하고"(신 11:19)

행할 길을 가르칠 것

"마땅히 행할 길을 아이에게 가르치라 그리하면 늙어도 그것을 떠나지 아니하리라"(잠 22:6)

노엽게 하지 말 것

"또 아비들아 너희 자녀를 노엽게 하지 말고 오직 주의 교훈과 훈계로 양육하라"(엡 6:4)

가정의 평안과
부부의 행복을 도와주는
축복기도문

이런 가정이 되게 하소서 (1)

자비로우신 주님!

이런 가정이 되게 하옵소서.

정다운 가정, 희망이 넘쳐나는 가정이 되게 하옵소서. 서로를 감싸주는 애정이 잔잔한 감동으로 남아 있는, 그리고 소박한 웃음소리가 그치지 않는 평안이 깃든 가정이 되게 하여 주옵소서.

작은 아픔에도 세심한 배려를 아끼지 않는, 그리고 격려와 칭찬으로 큰 용기를 심어줄 수 있는 가정이 되게 하여 주옵소서.

그 어떤 실수에도 자비함으로 용서를 보여줄 수 있는, 그리고 보이는 허물도 감싸주고 덮어줄 수 있는 가정이 되게 하여 주옵소서.

작은 말에도 귀를 진지함으로 귀를 기울일 수 있는, 그리고 정감 있는 대화로 응어리진 마음을 풀어줄 수 있는 가정이 되게 하여 주옵소서.

서로의 의견을 무시하지 않고 존중해 줄 수 있는, 그리고 화목을 위해서라면 인내의 미덕을 보여줄 수 있는 가정이 되게 하여 주옵소서.

예수님의 이름으로 기도합니다. 아멘

이런 가정이 되게 하소서(2)

자비로우신 주님!
이런 가정이 되게 하옵소서.
각자 맡은 일에는 성실한 마음으로 최선을 다하는, 그리고 무슨 일을 하든지 성숙한 모습으로 끝까지 최선을 다하는 가정이 되게 하여 주옵소서.
절망이 찾아올 때 새로운 영감을 얻을 기회로 삼는, 그리고 고난과 시련이 닥쳐와도 죽음같이 강한 사랑으로 이겨내는 가정이 되게 하여 주옵소서.
서로의 꿈과 비전을 위하여 기도로 축복해 줄 수 있는, 그리고 서로 간에 깊은 신뢰와 의리로 감화를 줄 수 있는 가정이 되게 하여 주옵소서.
한 끼의 식사를 놓고도 감사의 기도를 드릴 수 있는, 그리고 불평 없는 식탁이 세상에서 가장 아름다운 그림으로 남는 가정이 되게 하여 주옵소서.
넉넉함이 없을지라도 남을 헤아리는 일에는 적극적일 수 있는, 그리고 주변에 있는 모든 사람들에게 참된 복을 빌어 줄 수 있는 가정이 되게 하여 주옵소서.
예수님의 이름으로 기도합니다. 아멘

가정에 화목을 주소서

사랑의 주님!
가정의 화목을 위하여 기도합니다.

주님의 사랑 안에서 서로 사랑하고 우애하며 화목을 이루어갈 수 있는 가정이 되게 하여 주옵소서.

부부간에 서로 이해하고 배려하는 마음이 넘치게 하시고, 상대방의 아픔까지도 감싸 안을 수 있는 하나 됨이 있게 하여 주옵소서.

부모님을 성실과 정성을 다하여 공경할 수 있게 하시고, 낳으시고 기르신 부모님을 무시하거나 멸시하지 않게 하여 주옵소서.

자녀들이 주님 앞에 원수가 되지 않도록 믿음으로 바로 세워줄 수 있는 부모가 되게 하시고, 아이들에게 믿음 있는 부모의 위치를 상실하지 않도록 본을 잘 보일 수 있는 부모가 되게 하여 주옵소서.

저희를 위해 십자가에 화목제물로 못 박혀 죽으심으로 하나님과 저희를 화목하게 하신 주님의 화목을 세워갈 수 있는 가정이 되게 하여 주옵소서.

예수님의 이름으로 기도합니다. 아멘

가정에 은혜를 주소서

사랑의 주님!
가정의 믿음을 위하여 기도합니다.
하나님 앞에서 바로 서고, 말씀 안에서 거룩하게 되어 모든 믿는 가정의 본이 되는 가정이 되게 하여 주옵소서.
주님의 사랑으로 하나 되어 화목하고 경건하며 하나님을 섬기는 일을 최고로 삼는 가정이 되게 하여 주옵소서.
세상의 그 어떤 일보다 하나님을 경외하는 일이 최고로 가치 있고 중요한 일임을 알게 하옵소서.
온 가족이 말씀으로 날마다 변화를 받으며 하나님을 예배하고 찬송하는 가운데 주님의 평강이 넘치게 하시고, 주님의 사랑으로 충만케 하여 주옵소서.
세상의 헛된 것을 목표로 삼지 말고 영원한 하나님 나라에 소망을 두고, 하나님을 사랑하고 섬기며 이웃에게 하나님의 영광을 나타낼 수 있는 가정이 되게 하여 주옵소서.
예수님의 이름으로 기도합니다. 아멘

가정에 사명을 주소서

주님!
사명을 감당하는 가정이 되게 하옵소서.

세상의 부패를 막을 수 있는 소금의 사명과 어두운 세상을 밝힐 수 있는 빛의 사명을 감당하는 가정이 되게 하옵소서.

세상의 흉용함을 막을 수 있는 밀알의 사명과 상처 난 곳을 싸매어줄 수 있는 치유의 사명을 감당하는 가정이 되게 하옵소서.

슬픔이 있는 곳에 기쁨을 줄 수 있는 위로의 사명과 미움이 있는 곳에 용서를 심을 수 있는 은혜의 사명을 감당하는 가정이 되게 하소서.

다툼이 있는 곳에 평화를 심을 수 있는 화해의 사명과 절망이 있는 곳에 소망을 심을 수 있는 평안의 사명을 감당하는 가정이 되게 하옵소서.

주린 곳을 부요하게 할 수 있는 축복의 사명과 가진 것 없는 자를 구제할 수 있는 섬김의 사명을 감당하는 가정이 되게 하옵소서,

예수님의 이름으로 기도합니다. 아멘

본을 보이는 가정이게 하소서

사랑의 주님!
본을 보이는 가정이 되게 하옵소서.
행실의 본과 믿음의 본을 보일 수 있게 하시고,
예배의 본과 성결의 본을 보일 수 있는
가정이 되게 하옵소서.
순종의 본과 섬김의 본을 보일 수 있게 하시고,
봉사의 본과 겸손의 본을 보일 수 있는
가정이 되게 하옵소서.
인내의 본과 용서의 본을 보일 수 있게 하시고,
사랑의 본과 기도의 본을 보일 수 있는
가정이 되게 하옵소서.
그리고 감사의 본과 기쁨의 본을 보일 수 있는
가정이 되게 하옵소서.
예수님의 이름으로 기도합니다. 아멘

소중함을 아는 가정이게 하소서

사랑의 주님!
소중함을 아는 가정이 되게 하옵소서.
소박한 가정이라 할지라도 가정의 소중함을 느끼며, 부족한 형제라 할지라도 형제의 소중함을 느낄 줄 아는 가정이 되게 하옵소서.
아쉬움 많은 생활이라 할지라도 살아있음을 감사할 줄 알며, 마음대로 먹지 못하는 생활일지라도 건강의 소중함을 느낄 줄 아는 가정이 되게 하옵소서.
마음대로 쓰지 못하는 생활일지라도 물질의 소중함을 느낄 줄 알며, 열악한 환경일지라도 주어진 환경을 소중하게 여길 줄 아는 가정이 되게 하옵소서.
부족한 친구라 할지라도 친구의 소중함을 느낄 줄 알며, 불편한 이웃이라 할지라도 이웃의 소중함을 느낄 줄 아는 가정이 되게 하옵소서.
주님!
언제나 소중함을 느낄 줄 아는 가정이 되게 하옵소서.
예수님의 이름으로 기도합니다. 아멘

행복한 부부가 되게 하소서

사랑의 주님!
저희 부부가 이런 부부가 되게 하옵소서.

바쁘다는 이유로 서로 간에 대화가 단절되지 않게 하여 주시고, 언제나 정다운 대화로 가정의 화목을 꽃피울 수 있는 부부가 되게 하여 주옵소서.

시련이 있을지라도 서로를 향한 사랑이 변질되지 않게 하여 주시고, 처음 사랑을 가지고 늘 정다움을 꽃피울 수 있는 부부가 되게 하여 주옵소서.

실수가 있더라도 서로 간에 잘잘못을 가리지 않게 하여 주시고, 서로의 허물도 은밀히 덮어줄 수 있는 다정한 부부가 되게 하여 주옵소서.

적은 소득일지라도 서로 간에 수고한 것을 인정해 주며, 언제나 성실한 열매를 거둘 수 있도록 기도해 주는 부부가 되게 하여 주옵소서.

원치 않는 시련이 몰려와 가정이 흔들릴 때 무거운 짐을 서로 나누어 질 수 있는 부부가 되게 하여 주옵소서.

성공보다는 단란한 가정을 더 큰 자랑으로 여길 수 있게 하시고, 하나님을 공경하는 것을 최고의 행복으로 여길 수 있는 부부가 되게 하여 주옵소서.

예수님의 이름으로 기도합니다. 아멘

정다운 부부로 살게 하소서

사랑의 주님!
이런 부부로 살게 하옵소서.
서로가 미워할 수 없는
언제나 사랑하고 싶은 부부로 살게 하옵소서.
서로가 피하고 싶지 않은
언제나 가까이 하고 싶은 부부로 살게 하옵소서.
서로가 숨기고 싶은 것이 없는
언제나 진실한 대화를 주고받는 부부로 살게 하옵소서.
서로를 무시하고 싶지 않는
언제나 존경하고 싶은 부부로 살게 하옵소서.
서로를 흉보고 싶지 않는
언제나 흉내 내고 싶은 부부로 살게 하옵소서.
서로가 소외감을 느끼지 않는
언제나 친근함을 느끼는 부부로 살게 하옵소서.
서로가 고통을 느끼지 않는
언제나 기쁨을 느끼는 부부로 살게 하옵소서.
서로가 두려움을 느끼지 않는
언제나 평온함을 줄 수 있는 부부로 살게 하옵소서.
서로에 대한 권리를 앞세우기보다
서로에 대한 권리를 인정해 주는 부부로 살게 하옵소서.
예수님의 이름으로 기도합니다. 아멘

서로의 필요를 느끼는 부부이게 하소서

사랑의 주님!
저희 부부가 서로에게 늘 이런 사이가 되게 하옵소서.
서로에게 가장 평안함을 줄 수 있는 상담자로
친근한 벗으로 함께할 수 있는 사이가 되게 하옵소서.
서로에게 가장 친절함을 줄 수 있는 안내자로
따뜻한 위로자로 함께할 수 있는 사이가 되게 하옵소서.
서로에게 가장 든든함을 줄 수 있는 협력자로
필요한 후원자로 함께 할 수 있는 사이가 되게 하옵소서.
서로에게 가장 진실함을 줄 수 있는 내조자로
성실한 동역자로 함께 할 수 있는 사이가 되게 하옵소서.
서로에게 가장 신실함을 줄 수 있는 지혜자로
성숙한 인격자로 함께 할 수 있는 사이가 되게 하옵소서.
서로에게 가장 다정함을 줄 수 있는 치유자로
훌륭한 영성자로 함께 할 수 있는 사이가 되게 하옵소서.

언제나 주님 앞에서 이런 부부가 되도록 도와주옵소서.
예수님의 이름으로 기도합니다. 아멘

잘못됨을 보이지 않는 부부이게 하소서

사랑의 주님!

서로 이런 모습을 보이지 않는 부부이게 하옵소서.

자주 화를 내를 것과 거짓말하는 모습을 보이지 않는 부부이게 하옵소서. 헛된 약속을 하는 것과 위선된 모습을 보이지 않는 부부이게 하옵소서.

욕심 부리는 것과 탐욕에 사로잡힌 모습을 보이지 않는 부부이게 하옵소서. 불평하는 것과 헐뜯는 모습을 보이지 않는 부부이게 하옵소서. 분을 내는 것과 다투는 모습을 보이지 않는 부부이게 하옵소서.

자만한 것과 거만한 모습을 보이지 않는 부부이게 하옵소서. 증오하는 것과 저주하는 모습을 보이지 않는 부부이게 하옵소서. 판단하는 것과 미워하는 모습을 보이지 않는 부부이게 하옵소서. 은폐하는 것과 숨기는 모습을 보이지 않는 부부이게 하옵소서. 무시하는 것과 괴롭히는 모습을 보이지 않는 부부이게 하옵소서.

술 취한 것과 방탕한 모습을 보이지 않는 부부이게 하옵소서. 나태한 것과 게으른 모습을 보이지 않는 부부이게 하옵소서. 교회를 멀리하는 것과 예배에 빠지는 모습을 보이지 않는 부부이게 하옵소서. 언제나 주님 앞에서 이렇게 살도록 도와주옵소서.

예수님의 이름으로 기도합니다. 아멘

이런 부모였습니다

사랑의 주님!

저는 이런 부모였습니다.

우리 아이를 다른 아이와 비교하는 부모였습니다. 아이의 성적만을 우선하였고, 아이의 착한일 보다 아이의 점수에 기뻐하였던 부모였습니다.

아이의 인성보다 특기를 중요시 하였고, 아이의 장기를 키워주기 보다 저의 체면을 우선하는 부모였습니다. 또한 매사에 모든 것을 돈으로만 해결하려고 했었고, 아이를 통하여 저의 만족을 채우기 위한 도구로만 이용하려고 했던 부모였습니다.

아이의 부족한 것을 용납하지 못했고, 바쁘다는 핑계로 아이의 간곡한 부탁도 거절했던 부모였습니다. 때로는 피곤하다는 이유로 아이의 고민을 귀찮아했었고, 자그만 실수에도 언성만 높였던 부모였습니다.

주님! 저는 정말 악한 부모입니다.

저는 정말 이기적인 부모입니다. 이 죄인을 용서하여 주옵소서. 이 죄인을 변화시켜 주셔서 아이에게 꼭 필요한 부모의 역할을 잘 감당하게 하여 주옵소서.

예수님의 이름으로 기도합니다. 아멘

진실한 부모이게 하소서

사랑의 주님!

이런 부모가 될 수 있도록 축복하옵소서.

권위를 앞세우기보다 실수도 보듬어 줄 수 있는 이해심 많은 부모이기 원합니다.

원칙을 앞세우기보다 잘못도 품어줄 수 있는 사랑 많은 부모이기 원합니다.

때로는 친구같이 자녀의 말 못할 고민을 들어줄 수 있는 친한 벗 같은 부모이기 원합니다.

조금 뒤떨어져도 나무라지 아니하고 더 노력할 수 있도록 격려할 수 있는 부모이기 원합니다.

경쟁 심리를 부추기기보다 때로는 양보의 미덕이 더 중요한 것임을 깨우쳐 주는 부모이기 원합니다.

얻는 것만이 잘하는 것이 아니라 때로는 잃는 것도 잘하는 것임을 깨닫게 해주는 부모이기 원합니다.

최고가 되려는 것보다 최선을 다하는 자세가 더욱 중요한 것임을 깨우쳐 줄 수 있는 부모이기 원합니다.

잘된다고 자만하거나 안 된다고 낙심치 말아야 함을 깨우쳐 줄 수 있는 부모이기 원합니다.

이런 부모가 꼭 되게 하여 주옵소서.

예수님의 이름으로 기도합니다. 아멘

인격적인 부모이게 하소서

사랑의 주님!
이런 부모가 될 수 있도록 축복하옵소서.

아이에게 언어폭력을 쓰지 않고 저주의 말을 쏟아내지 않는 부모이게 하옵소서. 아이를 윽박지르지 아니하고 온유한 마음으로 훈계할 수 있는 부모이게 하옵소서.

아이에게 언성을 높이지 아니하고 유순한 말로 이해시킬 수 있는 부모이게 하옵소서. 아이에게 권위를 보여주기보다 온유한 인격을 보여줄 수 있는 부모이게 하옵소서.

아이에게 비판하는 모습을 보여주기보다 긍정적인 시각을 보여줄 수 있는 부모이게 하옵소서. 아이에게 게으른 모습을 보여주기보다 최선을 다하는 모습을 보여줄 수 있는 부모이게 하옵소서.

아이에게 세상을 원망하는 모습을 보여주기보다 세상을 사랑하는 모습을 보여줄 수 있는 부모이게 하옵소서. 아이에게 무책임한 행동을 보여주기보다 책임 있는 모습을 보여줄 수 있는 부모이게 하옵소서.

아이에게 헛된 약속을 보여주기보다 약속을 지키는 모습을 보여줄 수 있는 부모이게 하옵소서. 아이에게 물질을 사랑하는 모습을 보여주기보다 주님을 사랑하는 모습을 보여줄 수 있는 부모이게 하소서.

예수님의 이름으로 기도합니다. 아멘

닮고 싶은 부모이게 하소서

사랑의 주님!

이런 부모가 될 수 있도록 축복하옵소서.

지나친 방임으로 인하여 아이를 무례한 길로 인도하는 부모가 되지 않기 원합니다.

아이는 부모의 뒷모습을 보며 배운다는 말이 있듯이, 아이 앞에서 바른 행동을 보임으로 아이를 바른 길로 인도할 수 있는 부모가 되게 하여 주옵소서.

또한 과잉보호로 아이의 독립성을 약하게 만드는 부모가 되지 않기를 원합니다. 아이를 사랑하되 우상이 되지 않게 하시며, 주의 교양과 훈계로써 잘 양육할 수 있는 부모가 되게 하여 주옵소서.

주님!

아이를 복되게 할 수 있는 부모가 되기를 원합니다. 아이가 가장 감추거나 숨기고 싶은 부모가 아니라, 아이가 가장 자랑하고 싶고 제일 존경하는 대상이 부모이게 하옵소서. 또한 아이가 가장 본받고 싶은 대상도 부모이게 하시고, 가장 닮고 싶은 대상도 부모이게 하옵소서.

주님! 아이에게 언제나 떳떳하고 좋은 부모가 될 수 있도록 이끌어 주옵소서.

예수님의 이름으로 기도합니다. 아멘

타인과 이웃을
부요케 하는
축복기도문

목사님을 위하여

사랑의 하나님!

목사님을 위하여 기도합니다. 영육 간에 강건케 하셔서 주님의 몸 된 교회와 양무리들을 위하여 맡은바 직임을 감당하시는데 조금도 피곤치 않도록 붙드시옵소서. 목양하시는데 사람을 의식하지 않게 하여 주시고, 오직 하나님의 영광만을 위하여 힘쓰실 수 있도록 이끄시옵소서. 말씀을 준비하실 때 지혜와 능력을 더하여 주셔서 양 무리들에게 신령한 꼴을 먹이기에 부족함이 없게 하여 주시고, 예수님의 구원의 은총과 천국의 능력을 나타내기에 조금도 부족함이 없게 하여 주옵소서.

목사님이 외로우실 때 따뜻한 벗이 되어주시고 힘들고 지치셨을 때 위로와 용기를 더하여 주옵소서. 아무도 알아주는 이 없다고 할지라도 복음을 위하여 기꺼이 걸어가실 수 있는 목사님이 되게 하여 주시고, 하늘의 상급을 바라보며 힘차게 달려가실 수 있는 목사님이 되게 하여 주옵소서.

충성과 성실로, 겸손과 온유로 사역을 감당하실 때 주님을 닮아가는 종이 된 것을 인하여 기뻐할 수 있게 하시고, 넘치는 감사가 있게 하여 주옵소서. 목사님의 가정도 큰 은혜로 함께하시옵소서. 사모님께도 더욱 큰 능력으로 함께 하셔서 목사님을 내조하시는데 조금도 부족함이 없게 하여 주시고, 마음에 괴롭고 아픈 일이 찾아올 때 영광의 주님을 바라보며 평안과 위로를 얻게 하옵소서. 자녀들도 주님이 직접 돌보아 주셔서 주님께 귀하게 쓰임 받는 그릇들이 되게 하여 주옵소서. 목사님의 가정에 날마다 생활의 필요를 공급하여 주셔서 양무리들을 성심을 다하여 돌보시는 데 어려움이 없게 하여 주옵소서.

예수 그리스도의 이름으로 기도합니다. 아멘

처음 예수 믿는 성도를 위하여

만백성 가운데서 택한 자를 부르시고 생명을 주신 하나님!

사랑하는 ○○○ 성도에게 구원을 주신 주님의 은혜를 진심으로 감사드립니다. 이제 예수 믿기로 작정한 ○○○ 성도에게 성령 충만을 허락하여 주셔서 예수님을 믿는 기쁨이 날마다 더하여 지게 하시고, 구원의 진리를 깨달아 가는 가운데 그 영혼이 날마다 새로워지게 하여 주옵소서. 이전에는 세상만을 사랑하고 육신의 정욕과 이생의 안목을 위해서 살았으나 이제는 주님만을 사랑하게 하시고, 주님께 영광 돌리는 삶을 살아갈 수 있게 하여 주옵소서. 영육 간에 주님이 채워 주시는 신령한 복과 은혜를 받아 누릴 수 있게 하시고, 천국백성의 기쁨을 누릴 수 있는 삶이 되게 하여 주옵소서.

주님! 주님을 믿지 않는 가족들도 기억하셔서 구원의 은총을 허락하여 주시기를 원합니다. 그리하여 모든 가족이 구원을 받을 수 있게 하여 주시고, 천국을 소유한 축복의 가정이 되게 하여 주옵소서. 주님! 사랑하는 ○○○ 성도가 수고의 열매도 더욱 풍성히 맺을 수 있도록 이끄시기를 원합니다. 그리하여 주님이 붙드시는 손길은 이 땅에서도 차고도 넘치는 복을 받아 누린다는 사실을 체험하게 하여 주옵소서.

혹 ○○○ 성도에게 고통의 문제가 있습니까? 주님을 의지함으로 고통의 문제를 다루시는 주님의 손길을 체험할 있게 하여 주시고, 원치 않는 질병에 시달리고 있습니까? 만병의 의원이신 주님을 의지함으로 치료하시는 주님의 손길을 체험할 수 있게 하여 주옵소서. ○○○ 성도가 주님의 몸 된 교회를 위해서도 귀하게 쓰임 받을 수 있는 그릇으로 빚으실 것을 믿습니다.

주님의 크신 경륜을 찬양하오며 예수 그리스도의 이름으로 기도합니다. 아멘

구원의 확신이 없는 성도를 위하여

구원의 하나님!

사랑하는 ○○○ 성도(직분)에게 구원의 빛을 비추시옵소서. 아직 구원의 확신을 갖지 못하여 적극적인 신앙생활을 하지 못하고 있습니다. 우리 주님께서 사랑하는 ○○○ 성도(직분)를 만세전부터 택정하시고 하나님의 백성으로 택하여 부르신 것을 믿습니다.

사람이 마음으로 믿어 의에 이르고 입으로 시인하여 구원에 이르게 된다.(롬10;10)고 하였사오니 그 마음에 믿음의 빛을 비쳐주셔서 구원의 주님을 입으로 시인할 수 있는 ○○○ 성도(직분)가 되게 하여 주옵소서. 이는 혈통으로나 육정으로나 사람의 뜻으로 나지 아니하고 오직 하나님께로부터 난 자들이라고 하였습니다.(요1:13) ○○○ 성도(직분)도 그 가운데 한 사람임을 기억하게 하시고, 구원의 주님을 찬양할 수 있는 자리로 나아갈 수 있게 하옵소서.

주님! 아직 ○○○ 성도(직분)가 믿음이 연약하여 구원의 확신이 없는 줄 압니다. 믿음은 들음에서 나고 들음은 그리스도의 말씀으로 말미암는다(롬10:17)고 하였사오니 ○○○ 성도(직분)에게 말씀을 자꾸 들을 수 있는 자리로 인도하여 주시고, 말씀을 들을 때에 깨달아 알 수 있는 지혜를 부어 주시옵소서.

○○○ 성도(직분)가 지금은 어린아이 같은 믿음이라 할지라도 장차 그 입으로 구원의 주님을 시인하며 주님을 위하여 순종을 드리고 헌신을 드릴 수 있는 자리로 나아가게 될 것을 믿습니다. 하늘나라의 백성으로 주님께 영광 돌리는 삶을 살게 하여 주실 것을 믿습니다.

예수 그리스도의 이름으로 기도합니다. 아멘

출산한 성도를 위하여

생명의 창조자이신 하나님 아버지!

주께서 세우신 ○○○ 성도(직분)의 가정에 새 생명을 선물로 주심을 감사드립니다. 새 생명의 탄생을 어찌 천하의 모든 것과 비교할 수 있겠사오리까? 주님이 주신 귀한 생명으로 인하여 저희에게 기쁨이 넘치게 하시니 감사합니다. 새 생명의 축복을 허락하신 하나님께 다시 한 번 감사와 영광을 돌립니다.

주님! 해산의 고통을 겪은 산모를 기억하셔서 빠른 회복을 주시기를 원합니다. 아기가 먹고 싶은 때에 언제나 젖을 물릴 수 있도록 젖샘이 풍부하게 하여 주옵소서. 또한 산모를 항상 건강으로 지켜주셔서 어린 생명을 키우는데 조금도 어려움이 없게 하여 주옵소서.

산모의 태중에 있을 때에도 건강으로 지켜주신 하나님, 이 어린 생명위에 건강의 복을 내려주시옵소서. 잘 먹고 잘 자고, 잘 자라게 하여 주시고, 질병 없이 무럭무럭 성장할 수 있도록 늘 지켜 주옵소서. 그 키가 자라감에 따라 사랑스러움이 더하여지게 하시고, 지혜와 명철도 더하여 주옵소서.

주님! 탄생의 신비와 생명의 신비스러움을 통하여 창조주 하나님을 찬양하는 가정이 되게 하여 주옵소서. 이 어린 심령이 부모의 신앙으로 인하여 날 때부터 주님께 맡긴바 되었사오니, 주님께서 이 아이의 평생 동안 동행하여 주시고 그의 삶을 인도하여 주옵소서. 성실한 부모의 믿음 안에서 신앙교육으로 잘 양육 받을 수 있게 하시고 주님이 쓰시는 귀한 아이로 성장할 수 있게 하옵소서.

○○○ 성도(직분)에게 해산의 기쁨을 주심을 다시 한 번 감사하오며 예수 그리스도의 이름으로 기도합니다. 아멘

재난당한 성도를 위하여

인생의 생사화복을 주장하시는 하나님!

갑작스런 재난으로 인하여 고통을 받고 있는 ○○○ 성도(직분)를 긍휼히 여겨 주옵소서. 금번일로 하나님을 원망하는 자리에 이르지 않게 하시고, 합력하여 선을 이루시는 주님의 섭리하심을 바라보며 믿음으로 극복할 수 있도록 도와주시기를 원합니다. 잃은 것이 많은 이때에 잃은 것을 인하여 애닯아 하지 말게 하시고, 남아 있는 것을 인하여 감사할 수 있도록 은총을 더하여 주옵소서.

어렵고 힘든 상황이지만 소망을 가지고 재기 할 수 있는 은혜를 더하여 주시고, 이 위기의 상황을 지혜롭게 극복하여 하나님께 영광을 돌릴 수 있는 축복의 기회로 삼을 수 있게 하여 주옵소서.

부자 욥이 하루아침에 거지 같이 가난한 자가 되고 육체의 질병으로 고통을 당하면서도 하나님을 원망하지 않았던 믿음을 ○○○ 성도(직분)에게도 주시고, 그에게 향하신 하나님의 사랑을 조금도 의심치 않게 하여 주옵소서, 주신자도 여호와시오니 여호와의 이름을 찬송을 받을 것이라고 한 것처럼 재난 가운데서도 더욱 감사할 수 있는 믿음을 더하여 주옵소서.

특별히 바라옵기는 사랑하는 ○○○ 성도(직분)가 사방으로 우겨쌈을 당하여도 싸이지 아니하며 답답한 일을 당하여도 낙심하지 아니하며 거꾸러뜨림을 당하여도 망하지 않도록 지켜 주옵소서.(고후4:8,9) 끝까지 신앙적으로 흔들림 없게 하셔서 믿음의 재난만큼은 당하지 않도록 이끄시고 크신 긍휼을 베푸실 것을 믿사옵고 예수 그리스도의 이름으로 기도합니다. 아멘

시험에 든 성도를 위하여

자비하시고 거룩하신 하나님!

주님께서는 하늘 위에 높이 계시지만 몸소 고난을 받으심으로 저희의 연약을 아시고 체휼하심을 감사드립니다. 사랑하는 ○○○ 성도(직분)에게 원치 않는 시험이 찾아왔으나 그가 자기에게 향하신 주님의 사랑을 조금도 의심치 않게 하실 것을 믿습니다. 주님을 의지하는 자에게 유익을 더하시는 하나님이신 것을 믿습니다.

이럴 때일수록 마음을 어지럽히는 모든 부정적이고 파괴적인 생각들이 찾아들기 쉽사오니 믿음의 주요 온전케 하시는 이인 예수님만을 온전히 바라볼 수 있도록 붙들어 주옵소서. 주님이 작정하신 시험이라면 감사함으로 받게 하시고, 끝까지 인내할 수 있는 강하고 담대한 믿음을 주시기를 원합니다. 믿음 위에 굳게 서서 조금도 흔들리지 않게 하여 주옵소서.

눈에는 아무 증거 안보이고 귀에는 아무 소리 안 들려도, 손에는 아무것도 잡히는 것이 없어도, "시험을 참는 자가 복이 있도다 이것에 옳다 인정하심을 받은 후에 주께서 자기를 사랑하는 자들에게 약속하신 생명의 면류관을 얻을 것임이니라"(약 1:12)고 약속하신 주님의 말씀을 붙들고 이 어렵고 힘든 시기를 잘 인내하며 승리할 수 있도록 도와주시옵소서.

주님이 사랑하시는 자에게 허락하신 시험은 전적으로 시험당하는 자에게 엄청난 주님의 은혜를 체험케 하시기 위한 것임을 믿습니다. 욥이 엄청난 시험을 통과한 후에 비로소 귀로만 듣던 하나님을 눈으로 볼 수 있는 주님의 은총이 내려졌듯이(욥42:5) ○○○ 성도(직분)에게도 그와 같은 주님의 은총이 있게 하여 주옵소서. 시험당하는 자들을 능히 도우시고 도고하고 계시는 예수 그리스도의 이름으로 기도합니다. 아멘

질병이 있는 성도를 위하여

사랑과 긍휼이 풍성하신 하나님!

사랑하는 ○○○ 성도가 질병의 고통을 받고 있습니다. 모든 것이 약해질 수밖에 없는 사랑하는 ○○○ 성도(직분)를 기억하시고 주님의 긍휼을 거두지 마시옵소서. 그가 얼마나 하나님을 찾았겠습니까? 얼마나 주님의 이름을 간절히 불렀겠습니까? 매순간 매순간이 진지할 수밖에 없고 매순간 매순간이 정직할 수밖에 없을 것입니다.

상한 갈대를 꺾지 아니하시고 꺼져가는 심지를 끄지 아니하시는 우리 주님이심을 믿습니다. 심령이 가난한 마음을 주님께 의뢰하는 자를 외면치 아니하시는 우리 주님이심을 믿습니다. 이제는 병상을 의지해야 하는 그의 초라한 삶으로 변해버린 그의 형편을 기억하시고 돌아보시옵소서. "믿음의 기도는 병든 자를 구원하리니 주께서 저를 일으키시리라."(약5:15) 말씀하였사오니 그 말씀이 지금 ○○○ 성도(직분)에게 그대로 이루어지는 역사가 있게 하여 주시옵소서.

아직도 그가 할 일이 많습니다. 주님의 섭리하심은 분간하기 어려우나 지금은 때가 아니라는 생각을 갖습니다. 조금 더 주님을 위하여 충성할 수 있는 기회를 주시고, 헌신할 수 있는 기회를 주시옵소서.

많은 병자를 일으키셨던 우리주님! 죽은 자도 살리셨던 우리 주님, 주님이 죽음의 권세를 깨뜨리시고 부활하실 때 무덤 속에 잠자던 자들도 일으키셨던 우리 주님, 그 주님이 지금 여기에 오셔서 ○○○ 성도(직분)를 치료하여 주옵소서. 그 아픔을 어루만져 주시고, 다시 한 번 사망권세에서 일으키시는 주님의 기적을 체험하게 하여 주옵소서. 꼭 나음을 얻게 하실 것을 믿습니다. 예수님의 이름으로 기도합니다. 아멘

외로움을 느끼는 성도를 위하여

저희의 가장 친한 벗이 되어주시는 주님!

주님이 ○○○ 성도(직분)와 함께하시고 친한 벗이 되어주심을 믿습니다. 지금 ○○○ 성도(직분)는 주님이 항상 곁에 계심을 믿지만 외로움과 고독함을 떨쳐버리지 못하여 심적인 고통을 겪고 있습니다. 밀려드는 외로움과 고독을 이기지 못하여 고통당하는 ○○○ 성도(직분)를 기억하시고 너르신 주님의 품으로 안으시옵소서.

주님도 고난당하실 때 홀로 십자가를 지셔야만 하는 고독을 겪으셨지만 하나님이 함께 하심을 믿으며 조금도 흔들리지 않으셨음을 기억합니다. 그리고 하나님의 뜻을 이루기 위하여 고독과 싸워가며 홀로 골고다의 언덕을 오르셨음을 기억합니다. 사랑하는 ○○○ 성도(직분)도 주님의 함께하심을 굳게 믿고 외로움과 고독을 잘 이길 수 있도록 믿음을 강화시켜 주시고 주님의 뜻을 이루어 드릴 수 있는 주님의 사람이 되게 하여 주옵소서.

주님이 ○○○ 성도(직분)에게 고독을 주신 것은 고독에 숨겨진 주님의 뜻이 계신 줄 믿습니다. 고독해하는 이웃을 살필 줄 아는 하나님의 사람으로 쓰시기 위해서 고독을 경험하게 하신 것을 믿습니다. 고독할 때에 외롭고 쓸쓸함 속에서 지내는 이들을 돌아볼 수 있는 마음을 주시고 그들을 주님의 이름으로 위로할 수 있는 위로자의 역할을 감당 할 수 있게 하옵소서. 우리 주님은 외로움과 고독을 아시는 주님이심을 믿습니다. 체휼하시는 주님이심을 믿습니다. 지금 ○○○ 성도(직분)의 마음속에 은총을 더하여 주옵소서. 예수 그리스도의 이름으로 기도합니다. 아멘

고부간의 갈등이 있는 성도를 위하여

사랑이 많으신 하나님!

지금까지 ○○○ 성도(직분)의 가정을 지켜주시고 평강의 길로 인도하심을 감사드립니다. 이 가정에 향하신 주님의 인자하심이 크고 놀라움을 깨닫습니다.

하오나 주님! 사랑하는 ○○○ 성도(직분)가 시어머니와의 갈등으로 인하여 많은 고통을 겪고 있습니다. 얼굴까지 어두운 ○○○ 성도(직분)의 모습을 볼 때에 결코 가볍지만은 않음을 깨닫습니다. 어느 가정이건 고부간의 갈등은 항상 있을 수 있사오나 ○○○ 성도(직분)가 겪고 있는 갈등이 매우 심각함을 깨닫습니다.

주님! 사랑이 한없으신 우리 주님께서 ○○○ 성도(직분)와 시어머니의 마음을 만져 주시옵소서. 더 이상 감정의 골이 깊어지지 않게 하여 주시고, 주님을 믿는 것이 부담이 되지 않게 하여 주옵소서.

사소한 일로 인하여 감정을 앞세우지 않게 하여 주시고, 보이는 허물을 감싸주고 덮어줄 수 있는 푸근함이 그 마음을 지배할 수 있도록 도와주옵소서. 살아계신 부모님을 진정으로 잘 모실 수 있는 ○○○ 성도(직분)가 되게 하여 주시고, 자부의 효를 기쁨으로 받을 수 있는 부모님이 되게 하여 주옵소서.

주님! 표현은 안하지만 뒤에서 자녀들이 보고 있는 줄 믿습니다. 자녀들이 부모의 뒷모습을 보고 배운다는 것을 기억하여 화평의 가정을 이루기에 마음을 쏟을 수 있게 하여 주옵소서. 성경에 나오는 나오미와 룻같이 아름다운 자부의 사이가 될 수 있도록 이끌어 주옵소서. 회복케 하여 주실 것을 믿사옵고 예수 그리스도의 이름으로 기도합니다. 아멘

치매 부모를 모시는 성도를 위하여

우리를 지극히 사랑하시는 하나님!

사랑하는 ○○○ 성도(직분)를 기억하옵소서. 부모님이 치매를 앓고 있습니다. 아무리 굳센 믿음을 소유한 사람이라 할지라도 감당하기 어려운 질병임을 절감합니다. 긴 병에 효자 없다는 말이 이에서 생겨난 것이 아닌가 싶습니다. 경제적으로, 정신적으로, 육체적으로 짊어져야만 하는 ○○○ 성도(직분)의 고통을 돌아보시옵소서.

이 무시무시한 병마 앞에서 주께서 사랑하시는 ○○○ 성도(직분)가 처한 상황은 근심과 걱정입니다. ○○○ 성도(직분)의 가정에 속한 어느 한 사람도 이 병으로부터 자유로울 수 없음을 주님께서 아시오니 부모님의 질병을 돌아보시옵소서. 주님을 잘 섬기는 가정에 화평이 깨지지 않도록 도와주시옵소서. 그 가정의 믿음이 식어지지 않도록 붙드시옵소서. 불효의 죄책감에 시달리지 않도록 도와주시옵소서.

절망으로 몸서리치지 않게 하여 주시고, 복되고 아름다운 신앙생활이 엉망이 되지 않게 하여 주옵소서. 할 수만 있거든 사랑하는 ○○○ 성도(직분)의 부모님께 치료의 능력을 더하여 주셔서 온전한 정신으로 회복할 수 있게 하여 주시고, 주님이 주신 소중한 인생, 끝까지 맑은 정신으로 주님을 가까이 하다가 천국으로 향할 수 있게 하여 주옵소서.

사랑하는 ○○○ 성도(직분)의 마음이 부모님의 치매로 인하여 강퍅해지지 않도록 도우실 것을 믿습니다. 성령의 능력을 더하셔서 불쌍히 여기는 마음을 주시고 인성이 파괴되지 않도록 지켜주시옵소서. 우리 주님이 이 가정에 밝은 빛을 주실 것을 믿습니다. 주님의 선하신 손길을 바라보며 예수 그리스도의 이름으로 기도합니다. 아멘

용서가 필요한 성도를 위하여

사랑이 많으신 하나님 아버지!

주님은 십자가에 달리셨을 때에도 자신을 십자가에 못 박은 사람들을 위하여 하나님께 용서의 기도를 드린 것을 기억합니다. 사랑하는 ○○○ 성도(직분)가 받은 상처로 인하여 미움의 감정을 삭이지 못하고 있습니다. 상처는 작건 크건 간에 사람에게 큰 고통이 되는 것을 깨닫습니다. 고통이 있기에 마음을 온통 미움으로 가득 채울 때도 있습니다.

주님! 미워하고 싶어 미워하는 것이 아니라 상처받았기에 미운 감정을 물리칠 수 없음을 기억하시옵소서. 이럴 때 원수까지도 사랑하라고 말씀하신 주님의 계명을 실천에 옮길 수 있어야 하는데 상한 감정을 다스리기가 너무나 어렵고 힘이 듭니다.

사랑하는 ○○○ 성도(직분)를 긍휼히 여기셔서 그 마음의 아픔이 속히 아물 수 있게 하여 주시고, 주님의 가르침대로 일곱 번씩 일흔 번이라도 용서할 수 있는 은혜가 있게 하여 주옵소서.

미움의 감정을 오래 품고 있으면 주님의 말씀을 받기가 어려워지고 영혼의 궁핍함이 찾아올 수 있다는 것을 기억하여 빨리 잊어버리게 하여 주시고, 용서의 본을 보이신 주님만을 바라보게 하옵소서.

아픔과 상처를 준 자를 위하여 스데반집사와 같이 기도할 수 있게 하여 주시고, 그 영혼을 불쌍히 여길 수 있는 마음을 주시옵소서.

기도의 영으로 충만케 하여 주시고, 주님을 닮아갈 수 있게 하옵소서. 십자가로 용서의 극치를 보여주신 예수 그리스도의 이름으로 기도합니다. 아멘

교회에 나오지 않는 성도를 위하여

잃은 양을 찾되 끝까지 찾으시는 주님!

교회를 등지고 있는 사랑하는 ○○○ 성도(직분)를 위하여 기도합니다.

사랑하는 ○○○ 성도(직분)가 교회를 출석하지 않은 날수가 참으로 많음을 살펴봅니다. 이러다 그의 믿음이 완전히 식어져서 신앙생활을 접지는 않을까 걱정이 앞섭니다. 그 마음에 어떤 상처가 있는지 어떤 문제가 있는지 심히 부족한 이 죄인은 알 수 없사오나 우리 주심은 아시고 계시오니 살피시고 상한마음을 치유하여 주시기를 원합니다.

개인의 문제 때문입니까? 어렵고 힘든 때일수록 주님을 더욱 굳게 의지해야 함을 깨닫게 하시고, 성도들 간의 문제로 인하여 상처를 받은 것이 있습니까? 사람을 보면 실망할 수밖에 없고 상처받을 수밖에 없지만 주님만을 바라보면 기쁨이 되고 소망이 됨을 가슴 깊숙이 느낄 수 있도록 평안을 더하여 주옵소서.

주님! ○○○ 성도(직분)는 만세 전부터 주님이 작정하시고 택하신 주님의 백성임을 믿습니다. 이미 하늘나라의 생명책에 기록된 천국 백성임을 믿습니다. 그 어두운 마음에 강한 빛을 비추어 주셔서 빛이신 주님을 보게 하여 주시고, 그 마음에 성령을 기름 붓듯 부어주셔서 응어리진 것이 눈 녹듯이 녹아지게 하시고 주님에게서 만큼은 등을 돌리지 않도록 이끌어 주시옵소서. 우리 주님은 천하보다 ○○○ 성도(직분)를 사랑하시는 주님이심을 믿습니다. 우리 주님은 ○○○ 성도(직분)를 끝까지 찾아가셔서 강권하시는 주님이심을 믿습니다.

예수 그리스도의 이름으로 기도합니다. 아멘

헌금에 시험 든 성도를 위하여

자비로우시고 은혜가 풍성하신 하나님!

사랑하는 ○○○ 성도(직분)가 헌금으로 인하여 마음의 상처를 받았습니다. 그도 주님께 마음을 다하여 정성껏 헌금하고 싶은 생각이 왜 없겠습니까? 생활이 어렵고 힘들다보니 헌금생활에 많은 어려움을 겪고 있습니다. 풍족한 자가 들으면 아무렇지도 않을 목사님의 설교가 형편이 어렵다보니 예민해지고 마음의 부담이 되고 상처가 됩니다.

목사님이 ○○○ 성도(직분)를 들으라고 설교하신 것은 아닐 것입니다. 모든 성도를 하나님께 축복받는 성도로 세우시려고 하신 말씀인 것을 믿습니다. 은혜받기 위하여 주님의 전을 찾았다가 헌금 때문에 마음의 상처를 받은 ○○○ 성도(직분)의 마음을 위로해 주시고 그 영혼에 은총을 더하여 주옵소서.

"나의 하나님이 그리스도 예수 안에서 영광 가운데 그 풍성한 대로 너희 모든 쓸 것을 채우시리라"(빌4:19) 말씀하였사오니 사랑하는 ○○○ 성도(직분)의 형편을 다 아시는 주님께서 물질에 약해진 이 가정을 붙드시고 일으켜 주시기를 원합니다.

다시는 물질로 인하여 상처를 받거나 고통을 당하지 않아도 될 신앙생활을 할 수 있도록 축복하여 주옵소서. 주님께 정성껏 드리고 싶은 대로, 더 많이 드리고 싶은 대로 힘써서 드릴 수 있도록 물권을 허락하여 주시기를 원합니다. 그리고 이 시험의 단계를 잘 이겨서 더욱 성숙된 신앙의 자리로 나아갈 수 있도록 이끌어 주옵소서.

주님이 사랑하는 ○○○ 성도(직분)를 더욱 사랑하고 계심을 믿습니다. 실족하여 넘어지지 않도록 붙드실 것을 믿사옵고 예수 그리스도의 이름으로 기도합니다. 아멘

교우 간 시험에 든 성도를 위하여

화평케 하시는 주님!

사랑하는 ○○○ 성도(직분)가 다른 성도와의 관계 속에서 마음의 상처를 받았습니다. 그 마음을 지켜 주시기를 원합니다. 이럴 때 주님의 마음을 품을 수 있다면 얼마나 축복받은 성품이 될 수 있겠습니까? 마음을 잘 다스릴 수 있게 하여 주셔서 주님의 성품을 닮아 가는데 힘쓸 수 있는 ○○○ 성도(직분)가 되게 하여 주옵소서.

불쑥 불쑥 솟아오르는 상한 감정이 마음을 괴롭힐지라도 미움의 감정을 더욱 키우는 것이 되지 않게 하여 주시고, 감정에 성령의 기름을 부어달라고 기도할 수 있는 ○○○ 성도(직분)가 되게 하여 주옵소서.

사랑이 제일 큰 은사라고 하였사오니 사랑으로 상대방의 잘못과 허물을 덮을 수 있게 하여 주시고, 용서함으로 주님의 십자가를 앞세울 수 있는 ○○○ 성도(직분)가 되게 하여 주옵소서. 이럴 때일수록 함께 찾아오는 것이 영적인 침체인 것을 깨닫습니다. ○○○ 성도(직분)가 불편해진 인간관계로 인하여 주님과의 관계가 식어지지 않도록 이끌어 주시고, 이럴 때일수록 더 깊은 주님과의 교제를 갈망할 수 있는 ○○○ 성도(직분)가 되게 하여 주옵소서. 마음에 아픔이 있을 때 주님의 아픔을 헤아릴 줄 아는 은혜가 있게 하시고, 마음의 고통이 있을 때 주님의 십자가의 고통을 살필 줄 아는 ○○○ 성도(직분)가 되게 하여 주옵소서.

잘 이기면 능력이 될 줄 믿습니다. 더욱 성숙된 신앙의 단계로 나아가게 될 줄로 믿습니다. ○○○ 성도(직분)를 사랑하시는 예수 그리스도의 이름으로 기도합니다. 아멘

주일성수를 못하는 성도를 위하여

인생의 본분이 무엇인지를 깨닫게 하시는 하나님!

주일은 하나님께서 예배를 통하여 저희들에게 복주시기로 작정하신 날임을 믿습니다.

안타까운 것은 사랑하는 ○○○ 성도(직분)가 늘 육신의 일에 쫓기고 얽매여서 이 귀한 날에 주님을 만나지 못하고 있고, 주님의 은혜를 경험하지 못하고 있습니다. 사랑하는 ○○○ 성도(직분)를 주님의 능력의 손으로 굳게 붙드셔서 이 날에 구별된 삶을 살 수 있도록 도와주시고, 영. 육간에 안식을 얻는 날이 되게 하여 주옵소서. 이 날을 주님께 온전히 드림으로 주님을 주님 되게 해 드릴 수 있는 ○○○ 성도(직분)가 되게 하여 주시고, 예배를 통하여 부어주시는 주님의 놀라운 은혜를 경험하는 삶이 되게 하여 주옵소서.

사람이 떡으로만 사는 것이 아니라 하나님의 입에서 나오는 말씀으로 살아야 함을 기억하게 하시고, 육신의 일에 얽매여 마귀가 좋아하는 일만 좇다가 은혜를 잃어버리고 마는 ○○○ 성도(직분)가 되지 않게 하여 주옵소서.

"주의 궁정에서의 한 날이 다른 곳에서의 천 날보다 낫다." (시84:10) 고백했던 시편기자와도 같이 주일마다 주의 궁정을 사모함으로 세상에서는 맛볼 수 없는 더 큰 기쁨과 평강을 얻을 수 있는 ○○○ 성도가 되게 하여 주옵소서.

특별히 주님의 몸 된 교회를 위하여 하루를 봉사하고 헌신할 수 있는 날이 되게 하여 주시고, 헤어졌던 성도들과도 만나서 신앙생활에 유익을 더하는 믿음의 좋은 교제를 나눌 수 있게 하여 주옵소서. ○○○ 성도(직분)를 사랑하시는 예수 그리스도의 이름으로 기도합니다. 아멘

♥ 자녀를 향한 마음을 담아 사랑의 기도문을 만들어 보세요

♥ 자녀를 향한 마음을 담아 사랑의 기도문을 만들어 보세요